高校课程思政
共识、设计与实践

李红霞　邓文钱　主　编
滕培圣　王　琳　副主编

清华大学出版社
北　京

内容简介

本书精选了 27 篇关于高校课程思政改革方面的优秀论文，教师们以自身学科专业为依托，以课程思政实践教学中的新问题为切入点，着力将教书育人落实到课堂教学的主渠道中，扩大高校教师的育人共识。基于一类专业或课程进行微观层面的探讨与研究，通过分析课程思政与思政课程的辩证关系、课程思政实施面临的问题与困境、推进课程思政落实的实践机制构建等内容，提出相关课程思政新的探究理论，开展课程思政创新理论研究，反映各学科课程思政教育教学改革中的内在发展轨迹，增强课程思政的思想性、理论性和针对性，对高等院校同类课程开展课程思政改革有示范引领作用。本书适用于大学教师、师范专业学生及相关的教育工作者。

图书在版编目(CIP)数据

高校课程思政：共识、设计与实践 / 李红霞，邓文钱主编. —北京：清华大学出版社，2021.10
(2023.1 重印)

　　ISBN 978-7-302-59229-7

　　Ⅰ．①高…　Ⅱ．①李…　②邓…　Ⅲ．①高等学校—思想政治教育—教学研究—中国　Ⅳ．
①G641

　　中国版本图书馆 CIP 数据核字(2021)第 189587 号

责任编辑：高　屾
装帧设计：孔祥峰
责任校对：马遥遥
责任印制：曹婉颖

出版发行：清华大学出版社
　　　　网　　　址：http://www.tup.com.cn，http://www.wqbook.com
　　　　地　　　址：北京清华大学学研大厦 A 座　　　邮　　编：100084
　　　　社 总 机：010-83470000　　　　　　　　　邮　　购：010-62786544
　　　　投稿与读者服务：010-62776969，c-service@tup.tsinghua.edu.cn
　　　　质 量 反 馈：010-62772015，zhiliang@tup.tsinghua.edu.cn
印 装 者：天津安泰印刷有限公司
经　　销：全国新华书店
开　　本：170mm×240mm　　　印　　张：15.25　　　字　　数：238 千字
版　　次：2021 年 10 月第 1 版　　　印　　次：2023 年 1 月第 5 次印刷
定　　价：68.00 元

产品编号：093464-01

前　言

新时代高校思想政治工作的目标就是让学生成为德才兼备、全面发展的人才，成为中国特色社会主义合格建设者和可靠接班人。2018年5月2日，习近平总书记在北京大学视察工作时提出："要把立德树人内化到大学建设和管理各领域、各方面、各环节，做到以树人为核心，以立德为根本。"2018年6月21日，时任教育部部长陈宝生在新时代全国高等学校本科教育工作会议讲话中特别强调课程思政、专业思政的问题，提出要把课程思政提升到中国特色高等教育制度层面来认识，在持续提升思政课质量的基础上，推动其他各门课都要"守好一段渠、种好责任田"，与思政课同向同行，形成协同效应。思政课是落实立德树人根本任务的关键课程，是育人育才的关键之举。思政课教师对学生进行思想政治理论教育，引导学生树立坚定的理想信念，树立正确的世界观、人生观和价值观，培养学生具有崇高的思想品格、优良的道德品质。全面推进思政课程和课程思政协同发展，对提升教育发展质量和推进全面建设社会主义现代化国家具有重要意义，这不仅影响着社会主义事业接班人问题，还影响着国家的长治久安。

高校课程思政教学改革要处理好各类课程和思政课程如何配合的问题。深入推进课程思政，需要树立系统性思维，坚持顶层设计和整体谋划，在价值导向、目标协同、动力支持等方面多维并进，充分发挥思想政治理论课在价值引领中的核心作用，在把握好与思想政治理论课同向而行的方向和原则前提下，找准各类课程育人的着力点，充分挖掘各门课程的思想政治教育元素，将思政教育元素融入专业知识传授中。高校教师进行课堂教学时，应在知识传授中强调价值引领，在价值传播中凝聚知识底蕴，将社会主义核心价值观融入高校课程教学的全过程。

高校课程思政的教学改革，要做到思政内容和专业知识的有机融合，关键在于融入思政的专业课，找准思政内容和专业知识的契合点。通过系统性课程设计，以无缝对接和有机互融的方式，建立生成性的契合关系，做到"基因式"融合。对于每一门课程而言，基于课程思政元素的挖掘，遵循思政和专业相长原则，明确课程中每个思政元素的切入点，厘清思政元素与内容的密切关系，因势利导，推进各门课程在思政方面相互协作，鼓励学生延伸性和拓展性学习，提升融合高度，实现更好的育人效果。

本书以 2020 年教育部印发的《高等学校课程思政建设指导纲要》为指导，遵循高等学校课程思政工作规律，针对不同学科特点和专业课程教学内容，聚焦专业课程教学中的痛点、难点、重点，是齐鲁工业大学(山东省科学院)课程思政骨干教师在长期的教学实践基础上逐步形成的研究成果。本书分析课程思政与德融课堂、思政课程之间的内在关系，从知识形态演变、传统文化等视角探究课程思政的基本内容、价值理念和重要意义，通过大量的专业课程案例和资料分析，从工科、文科、理科等多个领域深入剖析专业课程与思政课程的发展模式、内在逻辑和实现路径，为高校课程思政主管部门、课程思政教学工作者提供了理论依据和教学参考。

由于编写时间仓促，以及课程思政教学实践条件和掌握资料的限制，书中难免出现错误或者纰漏，敬请广大读者批评指正。

编　者

2021 年 7 月

目　　录

高校"思政课程"与"课程思政"协同发展探究

邓文钱

(齐鲁工业大学 马克思主义学院 济南 250353)

摘要：实现"思政课程"与"课程思政"协同发展是新时代高校思政教育的客观要求。"课程思政"教学要以"思政课程"为核心，以通识课教育为支撑，以专业课为拓展。坚持显性教育与隐性教育相统一、知识教育与价值引导相统一、统一要求与方法创新相统一。从顶层设计着手，加强部门联动、政策协同，通过"课程思政"重点项目带动，加快专业教师与思政课程教师交流互动，构建党委负责、党政协同的领导机制和工作机制。

关键词：立德树人 思政课程 课程思政

加强和改进高校思想政治教育工作是新时代中国特色社会主义高等教育事业发展的必然要求，也是高校落实立德树人、教书育人的基本职责。习近平总书记强调，其他各门课都要守好一段渠、种好责任田，使各类课程与思想政治课同向同行，形成协同效应。推动"课程思政"教学改革是推进新时代高校思想政治教育工作的重要举措。准确理解"思政课程"与"课程思政"的相互关系，牢固把握从"思政课程"向"课程思政"转变的原则和要求，对坚持社会主义办学方向，推动高等教育健康有序发展，把新时代大学生培养成为合格的社会主义现代化建设者和接班人具有重要的理论与现实意义。

一、"思政课程"与"课程思政"的关系

"思政课程"作为高校人才培养、素质提升的第一课程，在意识形态教育中承载着激励和引导广大青年发愤图强、立志报国的主渠道功能。改革开放以来，高校思想政治理论课历经了"85方案""98方案""05方案"三次调整，对优化思想政治教育课程、提升思政教育质量起到重要的引导作用。目前，高校"思政课程"已形成了相对稳定、协同发展的态势。一方面，高校思政课要重视思想政治理论知识的传授，加强马克思主义基本理论教育，引导广大青年牢固树立崇高的理想信念，增强中国特色社会主义道路自信、制度自信、理论自信、文化自信，厚植爱国主义情怀，把青年的爱国情、强国志、报国行融入坚持和发展中国特色社会主义事业、建设社会主义现代化强国、实现中华民族伟大复兴的奋斗中；另一方面，高校思政课的知识传授还要服从价值引领功能。由于"思政课程"在思想政治教育中起着主渠道的地位和作用，决定思政课的知识性要服从于价值性。思政课不能单纯满足于对宏大理论知识系统的传授，沉浸于对知识领域的深化、思维视野的拓展，而是要用崇高理想目标、典型的榜样示范，来引导和激励广大青年学生树立追求真理、敢于探索的进取精神。因此，在高校思想政治教学过程中，无论传授什么样的知识内容，无论从事哪个行业领域，都要围绕着社会主义建设者和社会主义接班人的政治要求和价值目标来定位，不能单纯为了知识而学知识，而应该有更高的理想追求、更宽广的价值情怀。唯有如此，思政课的地位和作用才能更加彰显，思政课才能"入脑入心"。

与思政课不同的是，"课程思政"是一种新的教育价值理念和教学创新实践。在各专业课程教学实践中，将思想政治教育元素寓于各门课程教学过程中，通过将课堂、网络、实践等平台有机结合，实现思想政治价值理念和专业课程知识的有机融合。从本质上来说，就是将专业课程知识点与思政教育目标有机结合起来，体现专业教育与思政教育的双赢。"课程思政"概念最早是2004年由上海市一些高校为了构建全课程育人体系而提出来的。2014年，为了推进思想政治教育方法改革，上海市将德育纳入教学综合改革过程中，将培育和践行社会主义核心价值观有机融入

整个教育体系、整个教学过程,让思想政治教育融入日常教学管理和工作生活中。在此基础上,学界提出"课程思政"概念。然而,目前学界还没有对"课程思政"概念做出明确的界定,或者说还没有达成普遍一致的共识。但是多数学者认为,"课程思政"主要针对各门课程教学环节和教学活动,以课程为主要教学载体,以立德树人为根本任务,充分挖掘各专业课中蕴含着的德育元素,通过生动活泼、富有成效的教学活动和教学方式,将德育元素渗透和贯穿于教育和教学全过程、全方面,从而实现学生的全面发展。换言之,"课程思政"是基于教育对象的身心特征、教育内容,通过科学规划和有效设计,使思想政治教育与专业课程设计和实施紧密结合,目的是将价值观的培育和塑造"基因式"融入专业课,将教书育人的要求落实在课堂上。

所以,从内容和目标看,"课程思政"和"思政课程"二者既具有内在的一致性,同时又存在差别。一方面,二者都是在贯彻党的教育方针,服务于中国特色社会主义现代化建设的目标,服从于实现"两个一百年"奋斗目标和致力于实现中华民族伟大复兴的中国梦。从本质内涵上看,两者都遵循高等教育的发展规律,都在从事传道、受业、解惑的最为基本的教书育人工作。从目标要求看,都是培养合格的社会主义建设者和接班人,都坚持社会主义的办学方针,其内在契合性在于都在发挥着思想政治教育功能,都是思想政治教育内容体系的重要组成部分。另一方面,"思政课程"与"课程思政"是两个不同的概念,它不仅仅是语序的简单颠倒,表述的差异,还在思政内容、课程地位和表达方式上存在较大的差异。从思政内容上看,"思政课程"是教学单位或教育机构根据中央和教育部关于对思想政治教育工作要求,根据学生思想认知特点和自身发展规律,对马克思主义基本理论、中国特色社会主义理论、中共党史、中国近代史、中华人民共和国史和基本国情等方面系统的理论教育过程;"课程思政"侧重对社会主义核心价值观的引领,强调在各类各门课程中增强政治意识,明确政治方向,提高职业素养和科学素养。从课程地位上看,"思政课程"主要相对课程而言,强调在整个思想政治教育中发挥着"主渠道"的作用,在整个育人体系中起着核心作用;"课程思政"主要相对于育人环节来说,要立足于整个教育过程,把思政课中德育元素融入各门课程的教学过程和教学环节中。从课程定位上看，"思政课程"与"课程思政"都具有育人方向、文化认同的任务，但"思政课程"在"同向同行"过程中起主导作用，"课程思政"是"同向同行"的协同方面。从课程特点和表现形式上看，"思政课程"是针对高校大学生开设的一门必修课，具有很强的意识形态性，将辩证唯物主义和历史唯物主义基本观点和方法贯穿其中，通过课程传授、理论研讨、实践活动等多种形式，提升大学生思想政治觉悟和理论水平，属于显性教育课程。相对于"课程思政"而言，其将德育元素融入专业课和通识课程中，丰富各专业课程的思想内涵，拓展课程教育教学功能。"课程思政"依托着课程这一载体，利用因地制宜的教学形式，将思想政治教育原则、基本目标与专业课的内容设计、课程开发、课程评价有机结合起来，将思政教育内容与专业课程资源开发紧密结合起来，这属于隐性教育过程。

二、高校"思政课程"与"课程思政"协同发展的原则

课程是各门科学知识的整合，是推动学科和专业协同发展的重要支撑。推动"思政课程"与"课程思政"协同发展，关键在于将思想政治教育德育元素渗透到知识、方法和实践活动中，引导学生将所学的知识转化为觉悟和品格，成为自身精神系统的有机组成部分，成为个体认识世界和改造世界的能力和素质。实现这种转变，要坚持以下三方面的原则。

(一) 坚持显性教育与隐性教育相结合

坚持显性教育与隐性教育相结合，一方面，应针对不同课程内容特点和目标要求，对学生进行旗帜鲜明的思想政治教育，提高政治修养和政治觉悟，遇到现实政治思想教育中学生普遍存在的难点疑点时，要敢于发声，在课堂、媒体、网络等平台扩大宣传影响，起到惊涛拍岸的声势；另一方面，要从专业课程中提炼德育元素，融入教学中，利用滴水穿石的态度对学生进行思想政治教育熏陶，达到润物无声的效果。"思政课程"作为显性教育课程，是新时代高校思想政治教育的主渠道，要旗帜鲜明地把马克思主义基本原理教育同习近平新时代中国特色社会主义思想紧密

结合起来,把学生思想品德教育同中国优秀传统文化、红色革命文化和社会主义先进文化紧密结合起来,从而实现高校立德树人的根本宗旨和教育目标。"课程思政"作为一种隐性教育,根据课程教学内容和特点,将古今中外名人故事事件、国际新闻动态事件以及社会主义核心价值观与所传授教学内容有机结合,潜移默化地影响学生的思想观念和价值趋向。隐性教育与显性教育有机结合,要通过"课程思政"教学方法的改革创新来实现,并且在创新中不断加强。在"课程思政"教学过程中,首先,要发挥"思政课程"的核心地位,实现对高校各门学科建设和学科教学的方向引领,体现马克思主义理论对其他课程教学的政治指导功能。其次,其他课程作为隐性教育,要在"守好一段渠,种好责任田"的同时,与思想政治课同向而行,发挥协同效应。再次,专业课教师结合所教课程的不同特点和不同教育对象,通过生动形象、贴近现实的案例,在实践活动层面上加强师生互动,从而真正达到对学生知识传授和品德形塑的有机统一。

(二) 坚持知识传授和价值引领相结合

开展"课程思政",不是单纯地传授理论知识,也不是开设新专业、新课程,并不要求每节课都必须进行系统化、显性化的思想政治教育,而是要遵循各门学科各个专业的知识体系和内容特点,深入挖掘所蕴含的德育元素,并有机嵌入、融入思想政治教育过程中。各学科都是人类知识的长期积淀和经验总结,都包含对事物本身内在规律的整体认知和深刻把握。所以,掌握任何一门学科,都需要系统把握课程的知识结构和逻辑框架,不能零碎地、散乱地学习知识,这就需要对各科知识元素和具体内容进行价值整合,统筹谋划,实现知识体系和价值构建的有机统一。对于从事课程思政的教师来说,在传授科学知识的同时,还要注重专业知识与人、社会和生活多向度的联系,建立相互交融的关系网络。比如讲授在某专业领域取得的巨大成就时,要引导学生树立探索科学、追求真理的勇气,弘扬一心为国、不怕牺牲的精神,培养学生敢于批判、勇于创新、追求真知的志趣,传承科学家的默默无闻、甘于奉献的高尚品格。

充分发挥社会主义核心价值观在"课程思政"教学中的引领作用。中国特色社会主义高等教育要求以德为统领，强化对价值观、世界观和人生观的塑造，加强对传统优秀文化、审美情趣、职业素养、道德品格等方面的培养，为学生的健康成长打下坚实的价值底色。在课程教学中，将社会主义意识形态主导性的教育与"课程思政"教学方式的生动性、灵活性结合起来。既要增强马克思主义意识形态在课程教学过程中的主导作用，又要根据不同类型的课程、知识结构和教学内容有所侧重，有所取舍，实现主导性和多样性的统一。

总之，知识传授和价值引领的统一，要求在"课程思政"教学中重视人、环境、教育各因素的相互影响，实现三者的协同配合、同向发展；还要根据学生知识结构、年龄阶段、认知特点，结合不同学科、不同领域进行合理分配，处理好基本理论课、通识课和专业课程的关系，厘清所蕴含的共性元素，起到思想政治方向的引领作用。做好同心圆，拧成一条线，将课内与课外连接起来，把专业课蕴含的德育知识与个人发展内部贯穿起来，打通校内外网络平台沟通联系的"硬阻塞"，发挥高校思想政治在整个知识传授过程的价值引领功能。

(三) 坚持统一要求和方法创新相结合

"课程思政"更加注重思想政治教学内容的整体规划、政策激励的引导、教学资源的供给，遵循"课程思政"教学的内在规律。同时，还根据学校特点、专业类型、课程内容等，鼓励"课程思政"教师对实践教学模式进行调整和创新。首先，善于把握思想政治教育的工作规律。"课程思政"作为高校思想政治教育工作的一项重要工作，首先，要根据思政教育工作的性质和特点，确定"课程思政"教学的工作方式和方法。其次，把握教师主导与学生主体的相互关系。"课程思政"教学除传授知识和培养业务技能之外，还要通过寓情于理、情理交融的方式，帮助学生形成良好的思想品德，树立正确价值观念，凝聚思想认同，增强道路自信、制度自信、理论自信、文化自信。再次，要把握教书育人的教育规律。教书与育人密不可分，教书是育人的基础，知识传授需要价值引领，育人是教书的目的，二者密不可分。所以，教书育人要充分考虑到学生的认知结构、思想特点、现实需求，将价值观念、思想理论、精神气质变得更加接地气，更富有亲和力、感染力，让僵硬的抽象思想政治理论变得平易近人、真切感人。最后，把握学生自身成长规律。学生在成长过程中具有明显的阶段性特征，体现了不同个性的发展需要。在"课程思政"教学过程中，从供给侧角度精准分析和了解学生所需的精神文化产品需求状况，根据不同专业、不同课程、不同学段的学生情况，加强马克思主义世界观、人生观和价值观的教育，为学生健康成长提供精准的政治导航。

三、"思政课程"与"课程思政"协同发展的实现路径

"课程思政"涉及各个学科、各个专业，是一项复杂的系统工程。它不仅涉及专业学科的建设、内容体系的构建，还涉及课程建设、制度方案等相关内容的整体安排。所以，要从顶层设计、体制机制、教学方式和评价体系等方面，加快"思政课程"与"课程思政"的协同发展。

(一) 加强高校"课程思政"教学内容的设计，构建部门联动、政策协同的制度体系

加强"课程思政"教学体系建设，着眼于学校的长远发展目标，将"课程思政"目标与"双一流"学科建设相结合，从本科教学质量评估、"双万计划"等方面制订"课程思政"教学的发展规划；着眼于全课程的育人体系，完善专业人才培养方案，从培养目标、能力要求、知识任务等方面细化"课程思政"的教学质量标准，制定具体"课程思政"的教学指南；着眼评价指标体系建设，根据不同类型高校、专业特点，制定专业"课程思政"工作评价标准、教学评级指标体系、教学质量评价指标。通过构建以思政必修课为核心，以通识课和公共课为支撑，以各专业课为拓展的课程思政体系，最终实现全员、全过程、全方位育人。从当前思想政治教学目标看，高校思政课主要以马克思主义理论公共课为基础，加强对社会主义核心价值观的教育，为中国特色社会主义制度和现代化建设服务，为坚定中国特色社会主义的道路自信、制度自信、理论自信、文化自信服务，为培养合格的社会主义建设者和接班人服务。"课程思政"教学过程中，要充分发挥思政课程的主导作用，以

社会主义核心价值观为引领，对课程内容、教学方法、师资力量、交流平台等方面进行全方位改革，将政治理论知识与时政热点紧密结合。善于从专业视角对学生感兴趣的话题深入剖析，增强课堂的吸引力和趣味性，从而增强学生对国家和社会的责任感和使命感。充分发挥通识课在高校思想政治教育中的支撑作用，高校要根据自身办学特色、基础条件、资源优势等，开设通识教育课程，在课程内容、教学方法、师资力量等方面构建科学完整、系统有序的"课程思政"教学体系。充分利用专业课在思想政治教育过程中的拓展作用，利用哲学社会科学课程培养学生的哲学思维、科学思维等，并且注重对自然科学课程类型的学生的职业道德素养、科学精神、社会责任等方面的培养。

(二) 加强"课程思政"教学重点内容研究，推动实施"课程思政"建设项目工程

加大对专业课程德育元素的资源挖掘。习近平总书记指出，各类课程都具有育人功能。"课程思政"要善于挖掘各专业课程中的德育元素，并贯穿于教学过程中，与专业课程教学紧密地结合在一起，便于学生更好地领会接受。

(1) 善于从知名人物及其事件中挖掘其内在的深刻含义，提炼精神文化，把握精神实质，让学生从名人事迹中获取内在力量，学习名人立志成才、报效国家的高尚情怀，激发从事本专业工作的精神动力，鼓励学生刻苦学习，专心从事科研，勇于攀登科学高峰，为学生最终选择专业、选择工作打下坚实的基础。

(2) 善于从学校学科发展特色和背景中挖掘所蕴含的思政元素，真正形成具有特色个性化的课程体系。对于不同专业课教师，要从专业的学科知识体系中明确德育的主要内容和价值方向，利用不同的教学方式和教学手段实现专业知识与育人目标的有机统一。

(3) 加大"课程思政"教材内容编写和修订。在"课程思政"教学过程中，所涉及学科划分复杂、内容广泛，需要对思政课与"课程思政"相关问题系统梳理、深入研究，并把研究成果转为"课程思政"的教学内容，解决学生内心的"政治困惑"和思想疑点。要对专业课程教材和思政课教材进行适度的修改，根据内容特点

和目标要求增添一些德育元素，增强课程思政教学的趣味性和生动性。

(4) 创新"课程思政"教学形式，充分利用现代传媒和网络信息网络技术优势，通过微博、QQ、微信等社交软件，加大"课程思政"宣传力度，让广大高校师生在思想认同、目标一致、步调协同等要求下形成"课程思政"的教学格局。

(5) 要加大对示范项目的建设力度。选择一批学院、一些课程、一批教师进行示范项目建设，可以在校党委和二级学院党组织的指导和监督下，总结提炼可供复制、推广的经验做法，并将其逐步展开。高校各职能部门也要树立立德树人的教育理念，充分发挥党员教师的先锋模范带头作用。

(三) 新教学活动形式，实现思政课与"课程思政"的良性互动

在"课程思政"教育活动中，需要科学定位思想政治理论课教师与其他专业课程教师之间的关系。在整个思想政治教育体系中，要建立专业课程与思想政治理论课之间的良性互动机制。在课程资源开发方面，要从"课程思政"的整体规划与设计、思政教育内容的深度开发、专业课程思政教材修改完善、思想政治教育实践平台与基地建设等方面，推进思想政治教育课程理论体系的重构和创新。在教学互动中，建立思政课教师与专业课教师的互动合作模式。加强"课程思政"教学活动设计、教学资源整合，完善思想政治理论课教学体系。由于"课程思政"内容性质和目标要求决定教学方法特殊性，这不仅要聚焦专业方向，发挥价值引领作用，而且要加强学科互动，资源整合，提高思想政治教育的实效性。加强思政课专职教师与专业课教师的交流与合作。一方面，思政课专职教师要坚定政治方向，按照立德树人的根本任务和要求，创新工作方法，优化思政课教学资源，以发挥思政教育主力军的作用，引领专业课教师做好思政教育工作；另一方面，思政课专职教师不能闭门造车，要不断更新教学理念，不断改进与优化教学方式，提升职业素养和专业水平，以带头人的示范力量帮助专业课教师做好思想政治教育工作，在理论修养、政治素养、思维方法等方面做好在学校教师队伍中的引领作用。针对在教学中遇到的重点、难点，相互探讨、相互切磋，并制定相应对策，共同促进"课程思政"教育质量和教育水平的提升。

(四) 建立党委统一领导、党政部门协同配合的领导机制和工作机制

高校"课程思政"要做好顶层设计，统筹谋划课程建设整体思路，探索课程思政教学的常态化运行机制，根据不同学科、不同专业建立行之有效的领导机制、管理机制、评价机制。在领导机制方面，要发挥校领导的主体责任作用，深入到教学一线亲自指导，关注思政课，走进课堂，了解当前高校学生思想政治课的情况。在管理机制方面，应加强学校领导、宣传部、教务处等职能部门的相互配合，强化对课程培养方案、教材建设、师资队伍建设等的密切配合，深入了解各学科内部建设情况，形成"课程思政"教育的合力。在监督评价方面，职能部门要修订完善相关管理文件，在制度层面，根据常态化、科学化要求，制订"课程思政"建设相关方案。教务处、人事处、科研处、各学院要把"课程思政"建设成效和工作业绩纳入教师党支部考核指标体系。在高校教师职称聘任、职务晋升和评优表彰中，明确"课程思政"的相关要求。在监督评价机制方面，要坚持立德树人的教育理念，将"课程思政"的教学质量和学生成长目标作为评价标准，建立完善的监督体制。在激励机制方面，完善资助奖励"课程思政"建设的各种激励办法和奖励措施，对"课程思政"教学有突出贡献的专家学者给予适当的奖励，在物质保障和制度保障的基础上，提升各专业教师的积极性、主动性和创造性。

四、对"课程思政"的几点建议

随着国家重视加强高校思想政治教育，各级主管部门、全国高等院校对"课程思政"建设给予极大关注，并在政策指导、资金资助、人才培养等方面给予支持。从目前看，无论是高校"课程思政"的教学实践探索，还是理论层面的支撑，都取得了较大的进展，这为下一步"课程思政"建设提供了良好的基础条件。然而，从"课程思政"长远发展看，还需要深化以下几个方面的研究。

(一) 根据各门课程专业特点，加大"课程思政"的教学资源挖掘和阐释

各门课程都具有很多的思政元素，要结合课程内容特点，集中师资力量，加大对思政元素的挖掘，实现课程思政与专业课的有机融合。比如体育课程，涉及爱国精神、坚强拼搏、吃苦耐劳、精益求精等精神，应结合具体案例、历史文化资源进行深度挖掘。在课程思政教学中应该多加入这些思政元素，融入课堂教学。结合课程内容结构、学情，有针对性地加以提炼概括，从而实现"门门课程有思政，门门思政有特点"的局面。加强"课程思政"队伍建设，成立课程研发机构，围绕专业课程的思政资源，进行深度开发，建立完善的课程思政话语体系、教学体系和思想体系。加强对课程思政师资力量的培训，提升专业教师和教学管理干部的思政工作能力，培养一批政治坚定、视野开阔、业务精湛、方法得当的课程思政师资队伍。

(二) 加强高校课程创新，建设一系列符合地方特色专题系列课程

课程思政要把握三个特点，目标要"明"，方法要"活"，味道要"重"。目标要"明"，课程思政课堂要有明确的价值目标导向，从教学设计到课堂互动，再到考核评价，最后到教学反思，整个教学过程始终围绕着德育目标，增强学生的德育意识。方法要"活"，要让形式服从内容。为了提升教学效果，应把握教学内容，从创新问题设置、课堂交流互动、场景适当调配等角度着手，大力推进对课程思政教学方式和方法的创新，研究思想政治教育嵌入式的教学特征。味道要"重"，课程思政的重要特点在于有内涵有深度，在教学过程中不能回避社会主义意识形态，避免"思政味"过于平淡、过于单调，缺少深度分析，否则起不到撞击思维、震撼灵魂的作用。当前，各高校对思政课教学内容、目标要求和课程安排，可以说都已加大力度，并起到了一定的效果。但是，在通识课和公共课的课程建设方面，我们还有很大的研究空间。应结合各高校、各地区、各专业的特点和优势，打造一批有体系性、有特色的专题性课程，让学生对某一领域有整体性、系统性的认识，目的在于增强学生们爱党爱国的情怀，增强对中国特色社会主义的道路认同、制度认同、思想认同和文化认同。

(三) 拓展教学渠道，加强"课程思政"与校外实践活动基地互动交流

　　课程思政教学要充分利用多种资源、多种平台，提升课程思政教学效果。利用现代信息网络技术，创新课程思政教学手段。利用互联网、大数据、人工智能等技术手段，推广课程思政的网络课堂、慕课等教学形式，为学生构建沉浸式的教学模式，丰富思政教学内容，创新教学手段，扩大课程思政教学在校内外的影响力和渗透力。根据中央对高校思想政治教育要求，详细制订"课程思政"教学指导思路和教学方案，与地方党校、党史部门、党性教育基地、爱国主义基地等多方紧密联系，联合开发校史馆、博物馆、实习实训场所、社会实践和志愿服务基地等资源，实现校外实践资源开发与校内"课程思政"资源联动的生动局面。

参考文献

[1] 习近平总书记在全国高校思想政治工作会议上强调：把思想政治工作贯穿教育教学全过程　开创我国高等教育事业发展新局面[N]. 人民日报，2016-12-09.

[2] 王海威，王伯承. 论高校课程思政的核心要义与实践路径[J]. 学校党建与思想教育，2018(14)：32-34.

[3] 虞丽娟. 从"思政课程"走向"课程思政"[N]. 光明日报，2017-07-20.

[4] 邱晓光. 课程思政的价值意蕴与生成路径[J]. 思想政治教育，2017(7)：11.

[5] 李雪萍，马发亮. 高校"课程思政"体系构建问题及对策探析[N]. 内蒙古电大学刊，2018(4)：73-75.

[6] 武群堂. 试论思想政治理论课教师在学校教师队伍中的引领作用：基于课程思政的视角[J]. 学校党建与思想教育，2018 (11)：70-72.

[7] 高燕. 课程思政建设的关键问题与解决路径[J]. 中国高等教育，2017(15): 11-14.

再论思想政治教育亲和力

滕培圣

(齐鲁工业大学 马克思主义学院 济南 250353)

摘要： 习近平总书记关于思想政治教育亲和力的论述蕴含着丰富的内容，强调了思想政治理论课课堂教学的重要性，强调了思想政治教育的过程性，强调了思想政治教育亲和力和针对性。以此为基础，本文对思想政治教育亲和力的概念进行了梳理和重新界定，并对思想政治教育亲和力、针对性和"满足学生成长发展需求和期待"之间的内在联系进行了深入的探析。

关键词： 思想政治教育实效性 亲和力 四个意识 四个自信

2016 年 12 月，习近平总书记在全国高校思想政治工作会议讲话中指出："要用好课堂教学这个主渠道，思想政治理论课要坚持在改进中加强，提升思想政治教育亲和力和针对性，满足学生成长发展需求和期待。"2018 年 4 月，教育部在《新时代高校思想政治理论课教学工作基本要求》文件中又进一步指出："把高校思想政治理论课教学工作摆在更加突出的位置，更加重视加强和改进教学管理，更加重视提升教学质量，不断提升思想政治理论课的亲和力和针对性，全面推动习近平新时代中国特色社会主义思想进教材进课堂进学生头脑，牢固树立"四个意识"，坚定"四个自信"，培养德智体美全面发展的中国特色社会主义合格建设者和可靠接班人，培养担当民族复兴大任的时代新人。"2019 年 3 月，习近平总书记在学校思想政治理论课教师座谈会重要讲话中再次指出"办好思想政治理论课，最根本的是要全面贯彻党的教育方针，解决好培养什么人、怎样培养人、为谁培养人这个根本问题""坚持社会主义办学方向，落实立德树人的根本任务"。"根本问题"与"根本任务"为新时代思想政治教育工作指明了方向，明确了目标，好似"灯塔"，保证思想政治教育工作不迷失方向、不偏离航道。毫无疑问，思想政治教育亲和力是解决"根本问题"、完成"根本任务"的有效手段，教师"人格要正，有人格，才有吸引力。亲其师，才能信其道"。落实到行动上，思想政治教育亲和力就是要始终以"努力培养担当民族复兴大任的时代新人，培养德智体美劳全面发展的社会主义建设者和接班人"为最终目的，时刻为实现这一最终目的服务。

学界围绕思想政治教育亲和力的概念界定、思想政治教育亲和力的构成要素、思想政治教育亲和力的结构层次、思想政治教育亲和力的影响因素、思想政治教育亲和力的生成机制、思想政治教育亲和力的提升路径等问题展开了热烈的讨论，取得了一些共识。在深入研究这些成果的基础上，笔者发现，目前研究的一个薄弱环节是对习近平总书记重要讲话和教育部相关文件中有关思想政治教育亲和力论述的研究还不深、不透。如果这单纯是一个学术问题，倒也无妨，但思想政治教育亲和力还是一个思想政治教育的实践问题，更是中央的一项重要的决策部署。因此，有必要对这一问题进一步深入探讨。

在认真研读习近平总书记重要讲话和教育部相关文件中有关思想政治教育亲和力的有关论述的基础上，结合目前学界的研究成果，笔者认为有以下三点需要进一步引起重视：一是强调了思想政治理论课课堂教学的重要性，"要用好课堂教学这个主渠道"，思想政治教育亲和力是在这一前提语境下提出的；二是强调了思想政治教育的过程性，更加重视"高质量""坚持在改进中加强""更加重视加强和改进教学管理，更加重视提升教学质量"；三是强调了思想政治教育亲和力和针对性，并进一步强调以"满足学生成长发展需求和期待"为最终目的。

因此，思想政治教育亲和力的研究必须紧扣以上三点，从以下两个方面展开：一是在界定思想政治教育亲和力的概念时，要根据总书记讲话以及教育部文件的精神，合理界定内涵、外延。二是准确理解、全面把握思想政治教育亲和力、针对性，"满足学生成长发展需求和期待"内在联系和要求。

一、思想政治教育亲和力的概念界定

概念的界定是理论研究的起点。学界普遍认为"亲和力"源于化学和生物学术语，后被引申到社会心理学、教育学和传播学等相关学科和领域。学界关于思想政治教育亲和力概念界定主要有以下几种：一是侧重于从思想政治教育的主体即教师或思想政治教育活动的单一角度来加以界定；二是从思想政治教育的主体与客体即教育者(或思想政治教育活动)和教育对象双方互动的角度加以界定；三是从思想政治教育活动实践过程与构成要素结合的角度加以界定。总体来看，思想政治教育亲和力的概念界定经历了一个从强调单向教育主体到强调思想政治教育主体客体双向互动再到强调教育过程结果的演变历程。这种演变一方面说明了学界对思想政治教育亲和力的认识逐渐加深；另一方面也说明，学界对思想政治教育亲和力的概念界定还有必要进一步明确。笔者认为，关于思想政治教育亲和力的概念界定必须紧扣习近平总书记讲话和教育部文件中蕴含的"三个强调"；必须回归思想政治教育作为一项教育实践活动的本质，明确实践主体与客体(即"谁是主导、谁是主体")的问题；必须充分关注实践中介(即过程与方法手段)，达到过程与结果的统一，解决"如何培养人"的问题；必须充分考虑思想政治教育活动的价值属性，明确最终目的是"培养什么样的人""为谁培养人"，完成立德树人的根本任务。具体说来，在界定思想政治教育亲和力的概念时，外延上要以思想政治理论课课堂教学为主，不宜扩大或缩小。这不是视野狭隘，而是重在"守好我们这一段渠、种好我们的责任田"，突出思想政治理论课的"重要阵地""主干渠道""核心课程""灵魂课程"的重要地位和使命责任。在内涵上，要突出教育主体的主导地位、教育对象的课堂主体地位，要突出教学内容、注重教学实践过程，用高质量的教学满足学生成长发展需求和期待。基于以上考虑，本文认为，思想政治教育亲和力指教育者借助先进教学方法手段，通过高质量的思想政治教育实践活动，使教育对象对教育内容产生亲近感和悦纳感的力量。

二、准确理解、全面把握思想政治教育亲和力、针对性和"满足学生成长发展需求和期待"内在的联系和要求

思想政治教育亲和力、针对性和"满足学生成长发展需求和期待"是一个有机联系的整体。其中，增强针对性是提升思想政治教育亲和力、"满足学生成长发展需求和期待"的必要前提；提升思想政治教育亲和力是"满足学生成长发展需求和期待"的重要手段；"满足学生成长需要与期待"是提升思想政治教育亲和力的最终目的。

(一) 增强针对性是提升思想政治教育亲和力，"满足学生成长发展需求和期待"的必要前提

习近平总书记指出，"思想政治工作从根本上说是做人的工作，必须围绕学生、关照学生、服务学生。"思想政治教育亲和力说到底是一种人与人之间的情感认同。因此，提升思想政治教育亲和力必须以人为本，认真研究思想政治教育对象，从教育对象的客观实际出发，"遵循思想政治工作规律，遵循教书育人规律，遵循学生成长规律""因事而化、因时而进、因势而新"，努力实现思想政治理论课教学"配方"先进、"工艺"精湛、"包装"时尚。

当前，高校思想政治教育的对象是"95 后"甚至"00 后"大学生。这一代大学生不仅物质生活条件优越，而且是真正成长于网络环境的一代人，他们对于互联网有着天生的亲近感。网络一方面为他们提供了便捷的知识、信息获取途径，书本、教师、课堂等传统渠道已经不再是他们习得知识、获取信息的唯一来源，对教师和课堂的依赖性变弱；另一方面，网络上良莠不齐的信息与年轻人所特有的猎奇心理结合，加之他们主体意识、独立精神增强，但价值观、人生观还未完全成型、辨别能力不强，困惑、迷茫甚至误入歧途便会随之而来。当然，针对性不只是针对我们的教育对象，还要针对当下的社会热点、大政方针等，但所有针对性的落脚点一定是现实的教育对象。但在现实的思想政治教育中还存在着很多针对性不强的问题，

如有些教师备课不充分，存在着照本宣科的现象；有些教师只备教材不备学生，与教育对象处于隔离状态，存在着自说自话的现象；还有个别教师对学生关注的大政方针、社会热点知之甚少，存在被动的"倒灌"的现象等。这些针对性不足的现象极大地削弱了思想政治教育的亲和力，更不利于"满足学生成长发展需求和期待"。

(二) 提升思想政治教育亲和力是"满足学生成长发展需求和期待"重要手段

尽管提升思想政治教育亲和力具有重要意义，但思想政治教育亲和力本身并不是思想政治教育的最终目的，而是达到目的的重要手段。思想政治教育亲和力最终要服务于"培养什么样的人、如何培养人、为谁培养人"这个根本问题，"满足学生成长发展需求和期待"，完成好"立德树人"的根本任务。因此，我们必须正确处理手段与目的的辩证关系，切不可只注重手段而忽视了最终的目的。

现实的思想政治教育是一个由多要素构成、多因素叠加、多向复合互动的长期、复杂的过程，这也导致在思想政治教育实践中出现了不少问题，如教学手段花里胡哨但教学内容含金量不足，单纯追求教学过程的"热"，忘记了"初心"和"使命"等。因此，要做到手段与目的相统一，处理好思想政治教育亲和力与"满足学生成长发展需求和期待"之间的关系必须注意以下几点。

一是要处理好形式与内容的关系。思想政治教育为了亲近大学生而采取的新颖的教学形式是应该鼓励的，但绝不能为了迎合某些学生而采用过度娱乐化的手段，这样就偏离了我们的教学目的，不仅会弱化思想政治教育的效果，甚至会走向反面。花哨的形式并不能取代系统完备的教学内容。在教学内容上，要把握好通俗化的度，通俗化不等于庸俗化。必须严格按照教学大纲和各项教学规范，保质保量完成教学任务，把外在亲和力与内在亲和力有机结合。

二是要处理好"亲"与"和"的关系。"亲"是教育者借助先进教学方法手段，通过高质量的思想政治教育实践活动，使教育对象对教育内容产生亲近感。但"亲"的目的是"和"，是使教育对象对教育内容产生悦纳感，认可、接受教育内容并内化为自身的知识体系和价值体系，达到"进头脑"的目的。只做到了"亲"不是真

"亲"，即使真"亲"，也是"亲"而不"和"。

三是要处理好过程和结果的关系。思想政治教育亲和力提升过程与追求的结果之间的关系就是量变与质变的关系。没有过程的量变就没有结果的质变，二者是相辅相成的。但在现实思想政治教育实践过程中，有些老师认为思想政治教育亲和力只是一种"过程力"，只要教学过程"热"起来，就可以获得思想政治教育的亲和力，就可以收到预期的结果。但现实并非如此，如果不能把过程与结果有机地结合，可能只开花不结果。

(三) "满足学生成长需要与期待"是提升思想政治教育亲和力的最终目的

习近平总书记在多个场合反复强调"培养什么样的人、如何培养人、为谁培养人"是高校思想政治工作的根本问题，"立德树人"是根本任务。"根本问题"与"根本任务"为思想政治教育工作指明了方向，明确了目标，好似"灯塔"，保证思想政治教育工作不迷失方向、不偏离航道。思想政治教育亲和力是解决"根本问题"、完成"根本任务"的有效手段。落实到行动上，思想政治教育亲和力就是要始终以"满足学生成长发展需求和期待""培养德智体美劳全面发展的中国特色社会主义合格建设者和可靠接班人，培养担当民族复兴大任的时代新人"为最终目的，为实现这一最终目的服务。

在由教育者、教育对象、教育内容、教育过程、教育方法手段以及教育环境等要素构成的思想政治教育亲和力中，教育者是思想政治教育亲和力的主导性因素，是实现最终目的的"人格力"；教育对象既是思想政治教育亲和力的客体，又是思想政治理论课的主体，是表现最终目的的"结果力"；教育内容是思想政治教育亲和力的根本与深层次来源，是推动实现最终目的的"真理力""价值力"；教学过程即"进课堂"是思想政治教育亲和力在时间、空间上的具体展开，是推动实现最终目的的"过程力"；教学方法和手段是思想政治教育亲和力的物质载体，是推动实现最终目的"方法力"；教育环境是思想政治教育亲和力外部影响因素，充满正能量的教育环境推动实现最终目的的"协同力"。正是思想政治教育亲和力各要素的合力共同推动实现"满足学生成长发展需求和期待""培养德智体美全面发展的中国特色社会主义合格建设者和可靠接班人,培养担当民族复兴大任的时代新人"的最终目的。

三、结语

思想政治教育亲和力是增强思想政治教育实效性的重要手段。加强对思想政治教育亲和力的研究具有重要的理论意义和实践价值。只要我们进一步深刻领会好习近平总书记关于思想政治教育亲和力的论述,正确把握和处理好思想政治教育过程中针对性、亲和力和最终"满足学生成长发展需求和期待"之间的内在联系,激发各要素的活力,就可以推动思想政治教育工作更上一层楼,培养更多中国特色社会主义合格建设者和可靠接班人,培养更多能担当民族复兴大任的时代新人。

参考文献

[1] 习近平总书记在全国高校思想政治工作会议上强调:把思想政治工作贯穿教育教学全过程 开创我国高等教育事业发展新局面[N]. 人民日报,2016-12-09.

[2] 新时代高校思想政治理论课教学工作基本要求[EB/OL]. [2018-04-24]. http://www.moe.gov.cn/srcsite/A13/moe_772/201804/t20180424_334099.html.

[3] 张正光. 提升思想政治教育亲和力的有效路径[J]. 思想理论教育导刊,2017(5).

[4] 陈艳飞. 论思想政治理论课教师的亲和力[J]. 北京教育(德育),2018(1).

[5] 陈桂蓉,练庆伟. 反思与重构:思想政治教育亲和力价值和定位[J]. 福建行政学院福建经济管理干部学院学报,2006(5).

[6] 李建. 思想政治教育亲和力主要特点及提升路径探析[J]. 毛泽东思想研究,2017(4).

"大思政"视域下的德融课堂建设研究

杨旭

(齐鲁工业大学 外国语学院 济南 250353)

摘要： 以课程思政为核心的"大思政"教育体系是我国现阶段高等教育质量提升的内在要求和应有之义。德融课堂①作为课程思政的有效实践，在教学主体、方式和目标上均与课程思政具有内在的契合性。德融课堂在教学内容的总体设计、教学方法的创新以及学生德育品质的培养等方面探索出了一条独特的发展路径。在构建"大思政"教育体系的科学理念指导下，德融课堂建设仍有进一步提升和发展的空间。

关键词： 大思政 课程思政 德融课堂

习近平总书记在全国高校思想政治工作会议上指出要"提升思想政治教育亲和力和针对性"，思想政治教育不仅仅是在思政课上进行，更要融会贯通到各门专业课程中，专业课教师要"守好一段渠、种好责任田"。正是在这一讲话精神的指引下，我国高校开始探索由"思政课程"向"课程思政"教学理念的转变，即在各门专业课中融入思政教育理念，将立德树人切实融入具体的教学思路和方法中。在此基础上，2017 年 2 月，中共中央、国务院印发了《关于加强和改进新形势下高校思想政治工作的意见》(以下简称《意见》)。《意见》指出，要坚持全员育人、全过程育人、

---

① 德融课堂是近年来齐鲁工业大学推进的一项课堂教学改革，也是齐鲁工业大学对"课程思政"教学理念的积极实践。德融课堂作为一种新的教育模式，以专业课教学为本体，将品德教育和专业课程有机结合，实现教学与艺术联姻。

全方位育人的"三全育人"教育改革理念。这种全方位育人的"大思政"教育理念对当前高校的教学质量提升和教学模式创新有着重要的指导意义。

近年来，我校认真贯彻落实党的十八大和十八届三中全会关于立德树人精神的具体工作，在全校范围内积极推进"德融课堂"的教学评比工作。在德融课堂的具体设计和实施过程中，我们认识到学校的"德融课堂"与"课程思政"具有内在共通性，同时，在构建"大思政"教育体系的科学理念指导下，学校的德融课堂建设仍有进一步提升和发展的空间。

一、"德融课堂"与"课程思政"的内在契合性

(一) 教学主体：关注教师的育人意识

"德融课堂"和"课程思政"都对教师的个人素养和教学能力提出了较高的要求。习近平总书记早在 2014 年就勉励广大教师做"四有"好老师，即教育工作者要努力做到有理想信念、有道德情操、有扎实学识、有仁爱之心。这既是国家对新时代教师职业的总体要求，也是在"课程思政"教学工作中衡量教师业务素质和个人能力的具体标准。从"四有"的具体内涵出发，我们认识到，教师在教学过程中，不仅仅是专业知识的传授者，更是崇高信仰的传播者。对于学生来说，老师不仅是师道尊严的象征，还是志同道合的益友。在"大思政"教育体系中，对专业课老师的要求是有一定的导向意识的，即与思政课的教学"同向同行"，虽然课程内容各有不同，但是教学的出发点和落脚点是一致的。相应地，我校的"德融课堂"在制定伊始也提出要着力打造道德高尚、素质全面、健康向上、文明和谐的教师队伍。这与"大思政"教育理念相一致。

(二) 教学方式："隐性"替代"显性"

"课程思政"不同于"思政课程"，课程思政并不是新开一门思政课，而是在现有专业课程的内容设置中加入思政元素，专业课程思政的理论演绎更侧重"点"，以

凸显深化之效；思想政治理论课更侧重"面"，以凸显体系化之功能。专业课程思政所使用的教学方法、依据的原则往往具有学科专业的特殊性，而思想政治理论课的一般性和普遍性更为突出。因此，有些学者也将课程思政称为思想政治的隐性教育方式，而区别于思政课程直接讲解理论的显性教育方式。《齐鲁工业大学关于落实立德树人要求开展"德融课堂"工作的意见》也明确指出，德融课堂即是"在教学设计和课堂讲授中结合知识特点，融入做人做事的道理，通过讲解德育故事或生活案例等有效手段，实现春风化雨、润物无声，把立德树人根本要求落到实处"。

(三) 教学目标：培养社会主义建设者和接班人

现阶段，我国教育工作要解决的一个根本问题就是习近平总书记提出的"培养什么人、怎样培养人、为谁培养人"。可以说，这也是"课程思政"和"德融课堂"所共同的终极目标。具体来说，就是要让年轻学子通过对蕴含丰富思政元素的专业课程的学习，培养对人民的感情、对社会的责任、对国家的忠诚，这才是课程思政的应有之义。同样，我校在实施"德融课堂"的过程中，始终将高尚的道德情操和扎实的科学文化素质作为学生培养的基本目标，努力使学生成为中国特色社会主义的合格建设者和可靠接班人。

二、"德融课堂"的具体实施路径

所谓"德融"中的"德"主要包括社会主义核心价值观、中华优秀传统文化和世界优秀文化成果、品德教育，这充分说明"德融课堂"本身就是将思想政治教育与专业课程内容相结合的产物。在此基础上，在评选过程中"德融课堂"分为德融好教案、德融好课堂和德融好教师三个组成部分，所研究的对象既有理论设计，也有实践操作，基本涵盖教学活动的全过程。作为教育一线的专业课老师，笔者两次参与"德融课堂"的评比验收等全部环节，并且有幸获得三次好教案和一次好课堂，对德融课堂的理论内涵和实践要求有了充分认识。笔者以文学理论课程为例(该课程分别获得 2018 年德融好教案和德融好课堂)分析了德融课堂在具体课程中的实施途径。

文学理论课程是我校汉语国际教育本科专业的一门专业必修课，所隶属的一级学科是中国文学，它所面向的对象是本专业二年级的学生，即在学习本门课程之前，学生已经具有一定的文学基础知识，学习了中国文学的发展走向和各个阶段的代表作品。在此基础上，通过文学理论课程锻炼学生由文学现象向深层的理论思考过渡的能力。

(一) 德融内容总体设计

首先，在教材选择方面，教材应充分体现"德融课堂"的教育理念。

本课程选用了"马克思主义理论研究和建设工程重点教材"，其中将马克思主义关于文学的基本观点，毛泽东文艺思想、习近平总书记关于文艺工作重要论述贯穿始终，并且将具体的文学现象和文学作品放置在中国特色社会主义理论体系中加以观照，这就在最大程度上使文学理论的专业知识与科学的世界观方法论相结合，将深刻的理论认识融入教材的每个部分。教材的合理选择既帮助教师更好地融入德育教育理念和科学务实的精神，也辅助学生在课前预习和课后复习过程中，深入领会其中的含义。由此，马克思主义的科学精神和中国当代建设特色社会主义的理论与具体的文学理论专业知识相结合，这是本门课程进行"德融课堂"探索的前提和基础。

其次，在教学内容的总体设计上，该课程的每个部分都将"德融"的教学理念进行充分渗透。本门课程在 48 学时的授课过程中，主要包括 10 个方面的具体知识章节，从这 10 个方面的内在联系看来，我们还可以将其归纳为 7 个部分，即所谓的文学理论的"七论"。它们分别是：文学发展论、文学价值论、文学性质论、文学创作论、文学作品论、文学接受论和文学批评论。这 7 个方面向学生展示了整个文学活动的发展过程，以及文学自身的性质和价值，帮助学生从形态各异的文学现象中追本溯源。在此基础上，本门课程适当增加一定比例的案例内容，同时进一步扩充重要的知识点，争取在现有教材的基础上，给学生讲清、讲透。一方面用新颖的案例吸引学生，另一方面将马克思主义基本原理、毛泽东思想、习近平总书记关于文艺工作重要论述潜移默化地贯穿其中。

具体来说，在总体教学思想的设计上，笔者遵循一个重要原则，即深入解读科学精神和科学方法，同时将其拆分为不同的组成部分，并放置在相应的知识点中。笔者所总结的"德"方面的精神和思想主要包括：马克思主义的唯物史观、科学方法论、价值观，毛泽东人民主体的思想，以及习近平总书记关于文艺工作重要论述。在此基础上，将这些"德"进行分析研究，并将其与课本中的具体专业知识相结合。具体结合情况如表 3-1 所示。

表 3-1　文学理论课程德融内容总体设计

德育内容	内涵分析	适用知识点
马克思主义唯物史观	运用马克思主义唯物史观的方法，认为文学艺术是社会生活的反映，从根本上揭示了文学的本质	文学价值论 文学性质论
马克思主义科学方法论	运用马克思主义全面、辩证、发展、实践的观点，把文学放在一定的社会关系和历史文化语境中具体分析	文学发展论 文学创作论
马克思主义价值观	马克思主义强调从人类改造自然和求得自身全面解放的社会实践中认识文学的价值和功能	文学价值论 文学作品论
毛泽东文艺思想	基本内涵是实事求是；核心价值观是从实际出发研究和回答文艺实践中的各种问题，以文艺为人民大众服务、为革命事业服务	文学创作论 文学接受论
习近平总书记关于文艺工作重要论述	强调作家艺术家要做生活和人民的学生，强调作家艺术家要成为时代风气的先觉者，强调马克思主义文艺理论的中国化，注重传统文化的影响和发展	文学发展论 文学创作论 文学接受论 文学作品论

从表 3-1 可以看出，整个课程的德育思想由最左边一栏的 5 个方面理论作为支撑。从原则上来说，这 5 个方面的理论思想可以覆盖该课程的所有章节，但是如果这样设置，一方面，课堂讲授时间有限，如果理论知识准备得太多，就会严重影响课程内容的讲授；另一方面，对于大二的学生来说存在对理论理解困难的问题，如果内容太多，则会影响学生的有效吸收。鉴于以上思考，笔者着重按照这些理论的不同内涵，将其有选择地融入相应的知识点中，从而帮助同学们树立正确的文艺批评观，进而以马克思历史唯物主义和辩证唯物主义为基础，全面分析文学作品和文学活动。

(二) 创新教学方法

"德融"理念只有真正渗入到具体的教学内容中，才能更好地培养学生的科学世界观和高尚道德品质。为此，本门课程在具体的教学环节中，按照分步骤、分阶段的"德融"渗透方式，从理论到实践、从一般到个别，将理论知识和德育思想逐层融入。现以"文学的价值"知识点为例，进行具体说明。

该部分的知识点，隶属于"文学的价值与功能"这一章，学时是 2 个学时，即90 分钟。从总体看来，本知识点按照图 3-1 所示的 4 个步骤推进"德融"理念。

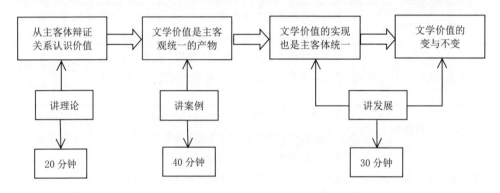

图 3-1 "文学的价值与功能"德融课堂教学推进步骤

从图 3-1 可以看出，这 4 个方面是以马克思主义科学价值观为指导，按照"讲理论""讲案例""讲发展"的教学思路逐步开展的。目的是从最基本的理论出发，先抽象再具体，使学生先对主要的理论有一个初步的认识，然后结合具体案例丰富和扩充，进而形成具体清晰的认识。

步骤一：从主客体辩证关系认识价值，即从主客体之间的辩证关系入手解释价值的意义。价值就是一个揭示客观事物满足人和社会需要的关系范畴，它反映了主体对客体进行评价的标准和取向。马克思主义强调从人类改造自然和求得自身全面解放的社会实践来认识文学的价值和功能，赋予其崭新的内涵和评判标准。在该步骤中，要以"讲理论"为主要内容，但应在讲解过程中注重结合教材，让学生边看边理解，防止讲解过于深奥，影响课堂的活跃性。

步骤二：文学价值是主客观统一的产物，即由价值的意义过渡到文学价值。这一步的主要任务是"讲案例",也就是讲解形象生动的文学内容。从客观上来看,文学价值植根于社会生活;从主观上来看,文学价值包含作家的审美创造能力。本部分以毛泽东《七律·长征》为例,"红军不怕远征难,万水千山只等闲。五岭逶迤腾细浪,乌蒙磅礴走泥丸。金沙水拍云崖暖,大渡桥横铁索寒。更喜岷山千里雪,三军过后尽开颜。"在讲解中,先介绍该诗体现的深刻的社会历史现实,再讲解该诗体现作者的百折不挠的革命精神。这两个方面共同构成了文学价值的来源。另外,还可播放相关的视频资料,使学生迅速将马克思主义价值观和毛泽东文艺思想的理论认识与直观的声音、图像和文字相结合,以加深理解。

步骤三:实现文学价值的主客观统一,即由文学价值的生成进入到文学价值的最终实现。在该步骤中,需要结合读者的社会经历和主观感情进行讲解。

步骤四:文学价值的变与不变,即文学价值具有客观的相对不变的特性,同时具有随阅读环境变迁、接受者变更而发生变化的特性。步骤三和步骤四都是"讲发展",既有文学价值本身的发展,也有文学活动向读者的发展,因为其与学生的阅读体会更加贴近,所以更容易被学生所接受。

(三) 学生德育品质的塑造

在教学设计过程中,笔者主要注重培养学生几个方面的德育品质。

1. 帮助学生树立社会主义核心价值观

在马克思主义价值观的指导下,通过对我国文学作品、作家的介绍和研究,以及与中外文学理论的比较,使学生充分认识到中国文学和中国传统文化的价值,从而培养学生爱国、敬业、诚信的价值观,并将这种价值观融入对具体文学的认识中。

2. 培养学生热爱和传承中国传统文化的品质

在习近平总书记关于文艺工作重要论述的指导下,使学生充分理解马克思主义中国化和构建具有民族特色的当代马克思主义文论体系的重要性,同时,结合课本中中国古代文学理论的相关知识点,催生出学生对中国传统文化的亲切感,进而产生愿意传承和研究中国传统文化的热情。

3. 培养学生的科学态度和科学精神

作为文科专业的学生，科学精神和科学研究方法同样是进行专业学习必不可少的品质。就本门课程来说，学习马克思主义的认识论和方法论，毛泽东实事求是的精神，以及习近平总书记关于文艺工作重要论述中鲜明的时代特征，这本身就是一种科学的态度和科学方法。学生不仅要理解相关的科学表述，还应将科学的态度和科学的方法运用到具体的文学分析和批评中。

三、"大思政"对"德融课堂"建设的启发

在德融课堂的教学改革中，教师有意识地将专业课知识与思政内容相结合，这本身就是对课程思政的实践。但是，我们也应该看到，在目前国家推行"大思政"教育体系下，形成了对课程建设、多课程同向同行、多种课程教师协同育人等方面的教学新理念和新认识，即形成了科学的课程观。当然，在这一科学课程观的引领下，以德融课堂为主的教学模式还有进一步提升和发展的空间。

(一) 协同育人：发掘专业课与思政课的"共性"

在"大思政"教育体系之中，协同育人的教育理念是当前研究的一个热点，所谓协同育人是指"承担着育人任务的各方在系统内分享资源、汇聚能量，有效地培育和利用人才的多方互动过程"。这一理念为德融课堂的教学设计和实践注入了新的发展动力。

当前，专业课老师在进行德融课堂的教学设计时，更多考虑的是如何将本门课程按照德融课堂的标准进行修改和完善，所关注的焦点集中在整体上的德融内容布局和具体课时中的德融内容梳理。协同育人理念引入的积极作用就在于，使教师从单门课程的狭小框架中跳出来，立足于专业课和思政课相互贯通的整体视角。尽管专科课和思政课并不属于相同的学科分类，在具体的教学方法上甚至会大相径庭，

但是作为社会主义核心价值观的教育载体，二者都担负着相同的历史使命。

（二）同向同行：知识育人与价值育人双管齐下

课程思政的价值体现为课程教学对学生成长发展与精神文化需要的满足，其中课程思政是价值客体，而学生群体和个体是价值主体。知识育人是专业课教学的根本属性，价值育人则是专业课的最终指归。实际上，在过去的教学过程中，价值育人也是贯穿始终的，所谓"教书育人"就是不同专业的课程都在教授专业知识的同时兼具着价值传输的作用。但因为这种传递往往是老师在不经意间的自然流露出来的，因而其缺少系统性，是零散的、只言片语的。

与传统专业课堂不同的是，在"大思政"教育体系下的德融课堂，改进了原有的教学方式，充分发挥了"教书育人"的实际作用，即从单纯的"满堂灌"改为师生交互学习，从只言片语的零星讲解到系统的育人设计。当前，以翻转课堂、互联网课堂为主的新型教学方式不断丰富着传统教学模式，而作为课程思政的一种有效教学实践，德融课堂的建设和发展更是促进了传统教学方式发生根本改变。相对于"形势与政策"等思政大班课，专业课的班级设置主要以中班或小班教学为主，优点是师生距离更近，思想交流更频繁。以此为前提，德融课堂就要按照课程思政中同向同行的总体要求，用马克思主义的价值观来构建知识体系，根据课程的专业特色，适时、适切、适中地提炼出理想信念、创新精神、责任担当等育人要素，注意培养学生的人文情怀、爱国意识、创新精神、审美情操。从多次进行德融课堂教案整理和设计的经历出发，笔者深刻地认识到，按照"大思政"教育体系和课程思政具体设计的要求，原有的教案整理和课堂教学仍然有进一步提高和充实的空间，尽管现有的马克思主义理论研究和建设工程(简称"马工程")教材已经为课程思政的实施奠定了理论基础，但教师仍然要在课堂的整体设计中进一步提炼思政内容，而且要将马克思主义价值观像"盐"一样，"溶"于专业课教学的"汤"中，寻找更容易打动学生的交汇点，培养学生判断价值与价值选择的能力。

综上所述，在"大思政"教育体系的整体视域下，德融课堂不论是在课程的系统设计，抑或是具体的内容设置上，都具有一定的创新性和实践性。在此基础上，专业课教师应始终将课程思政作为德融课堂建设的终极目标,不断提升课程思政教学能力,实现立德树人、润物无声。

参考文献

[1] 习近平总书记在全国高校思想政治工作会议上强调:把思想政治工作贯穿教育教学全过程 开创我国高等教育事业发展新局面[N]. 人民日报,2016-12-09.

[2] 陆道坤. 课程思政推行中若干核心问题及解决思路:基于专业课程思政的探讨[J]. 思想理论教育,2018 (3):64-69.

[3] 学习小组. 习近平首次点评"95"后大学生[N]. 人民日报,2017-01-03.

[4] 马亮. 基于 CNKI 文献计量和内容分析的我国协同育人领域研究综述[J]. 黑龙江高教研究,2019(10):152-156.

[5] 赵唱,薛勇民. 公民生态道德养成逻辑理念:从主体性、他者性到主体间性[J]. 东南大学学报,2019(4):125-130,148.

[6] 邱伟光. 论课程思政的内在规定与实施重点[J]. 思想理论教育,2018(8):62-65.

[7] 贺武华. "课程思政"育人方式转变应处理好三对关系[J]. 杭州电子科技大学学报(社会科学版),2018(6):60-64.

[8] 雅斯贝尔斯. 什么是教育[M]. 邹进,译. 北京:生活·读书·新知三联书店出版社,1991:113.

知识形态演变与内生性课程思政建设

——以刑法学课程为例

杜霞

(齐鲁工业大学 政法学院 济南 250353)

摘要： 知识是课程教育的重要内容，是建设课程思政的重要基石。本文分析知识形态的历史演变，揭示知识形态与课程功能之间的内在关系。基于后现代一元知识观，提出内生性课程思政概念，以刑法学课程为例，构建内生性课程思政体系，即知识的价值是课程思政的主线，知识的理性是课程思政的着力点，知识的适用是课程思政内化的落脚点。

关键词： 内生性课程思政 知识形态演变 刑法学

一、引言

"课程思政"的发展呈现出从经验层面的实践探索到理论探究的轨迹。"课程思政"最早是上海市在加强学校思想政治教育实践改革进程中而形成的一种工作理念。2004年以来，中央颁布了一系列加强学校思想政治教育的文件，上海市的学校积极响应，走出了一条从中小学学科德育课程改革到大中学德育课程一体化建设的德育改革发展道路。为了实施德育课程一体化建设，上海市于2014年开始在高校积极探索思政课程向课程思政转变的发展道路。通过开设一系列课程，构建了思政课程、通识课程、专业课程三位一体的高校思想政治理论教育课程体系,后两者统称为"课程思政"。这一阶段的"课程思政"是实践探索的产物,是为了加强高校思想政治教育而进行的课程改革,实质为课程观。

2016年,习近平总书记在全国高校思想政治工作会议上强调指出,各类课程与思想政治理论课要形成协同效应,"课程思政"这一实践产物作为高校思想政治工作会议精神的成功实践模式成为关注的焦点,相关学术研究不断涌现。综合现有研究,其大致可分为宏观和微观两个研究层面。

关于课程思政的宏观研究,主要聚焦课程思政的内涵、价值、意义、体系结构等方面研究。所谓课程思政,就是将思想政治教育融入课程之中,充分发挥课程的育人功能,与思政课程形成一种协同育人格局的综合教育理念。它指向一种新的思想政治工作理念、一种全新的课程观,对高校坚持社会主义办学方向,贯彻和落实立德树人根本任务具有重大的推动作用。育人是课程思政的价值本源,责任在于价值引领。课程思政必须与思政课程同向同行,形成协同效应。

对于课程思政微观层面研究,主要包括课程思政的生成机理、内在逻辑、实施路径等内容。对于课程思政的内在结构,有学者指出要建立思想政治教育与专业课程之间的"生成性"关系。也有学者从课程论的视角指出,课程思政的知识内容应重视"时代性知识"。对于课程思政的实施路径,有学者提出课程建设、教材建设、教学研讨、师资互通、教学评价"五个一平台"实施路径。对于"课程思政"绩效考核,关注点应包括目标的适当、明确,思政元素的充分挖掘,"思政"与"专业"的有机融合,具有较高的达成度等方面。也有学者从具体的专业课程特点切入研究,探讨理工科课程思政特有的生成机理和逻辑结构。

综上所述,课程思政研究从最初的经验总结走向了全方位的学术探索,使课程思政具有了学术气质,并形成基本的课程思政理论体系,为高校进一步加强思想政治教育提供了理论支撑,发挥了实践导向性的作用。同时,由于课程思政理论研究处于起步阶段,还存在不足:课程思政的理论研究是基于实践而来的,而课程思政的实践产生是由政策导向的,因此,现有研究大多是在加强思想政治教育的大框架下从课程观角度进行展开,无论是内涵界定还是内在机理构建抑或是实施路径,都偏重外在要求，塑造并固化了课程思政"由外而内"的外融性的内涵和生成机理。

本文认为，课程思政是一种思想政治教育理念和课程观，更是一种知识观。知识是课程的基本内容，知识形态是研究课程思政必不可少的重要视角。只有这样，才能厘清课程思政的内涵，提升课程思政的生命力和实效性。由此，本文从知识观的视角展开课程思政研究。首先对知识形态展开历史演变分析，从知识观的角度对课程思政展开背景分析，揭示知识形态与课程教育之间的内在关系。在此基础上，探索后现代一元知识观下基于专业课程知识内在需要而生成的内生性课程思政，并对其展开内容体系的建构研究。

二、知识形态的历史演变分析

何谓知识？综观古今中外的阐释，知识的界定就是一场知识与道德关系的大讨论。

(一) 古代一元知识形态：知识即主体道德

中国古代以儒家学派为代表，建构了以"天人合一"思想为核心的主客体和谐发展的一元知识观，即知识就是德行，知识具有德行能力，德行生成知识，并成为知识的重要维度。人类认识世界和改造世界就是一种道德行动，"天人合一"的和谐、人之内心的美德和人与人之间的共融，既是认识世界和改造世界的态度，更是认识世界和改造世界的内容。因此，德行是知识的本义，是知识生成的原动力、指引力，也是知识的结果。与此观点相同，苏格拉底提出"知识即美德"的知识观：知识就是美德，德行就是知识，两者是一物，一个人只要掌握了知识，就具有了美德。所以，恶是无知的产物。由此可见，古代知识内涵就是德行。

道德极致的一元知识观生成于科学技术还未得以发展的人类早期社会，人们没有体验过科技带给人类的好处，缺乏对客观世界的认知，客观世界完全被"主体化"，世界被主体虚幻化。当时，人类仅凭抽象的逻辑思辨，就认定美德是人类生存与发展的唯一资源，而知识便是关于主体的美德。这种剥离知识本体价值的观点伴随人类社会的科技发展必然走向灭亡。

(二) 现代二元知识形态：主客体相分离

17 世纪以来，伴随人类对客观世界的不断探索，人们开始关注科技如何推动社会向前发展。以主客体分离为逻辑起点构建认知世界模型，进而塑造二元知识观，成为现代社会主流知识形态。二元知识观认为，知识与道德无关，两者是完全不同的两个事物。知识的前提在于主体(我)与客体(物)的分离先于一切其他概念而存在。伴随现代社会商业化发展的日益精细，主客体分离的知识认知达到极致。以交换为基本价值的商业文明架构起来的现代社会催生了没有生命力的纯粹代码型仿真知识。二元知识观下的知识是客观的和价值中立的，即知识是纯粹经验的客观产物，与价值无关。由此，知识的客观性与主体的主观精神性走向断裂。知识去道德性、去本土化，客观性、绝对性和中立性成为现代知识的核心特质。抽象性与实用性成为知识的追求目标。一切科学在目前都以性能为合法性基础。在经济社会，知识变成了一堆没有道德力的数字代码，并以此塑造了内在精神的另一个世界。

(三) 后现代一元知识形态：主客体相统一

自 20 世纪 60 年代开始，各国展开对知识主体精神性的复兴运动。通过对现代知识观的批判、解构，知识的纯粹客观性被消解，将客观科学与主观价值和精神融为一体的后现代一元知识形态得以建构。

第一，将认知活动恢复到主客体相统一的轨道上，科学的建构是主体意识对客观事物的综合活动，脱离主体意识的、纯粹客观的知识是不存在的。知识是客观事物在人脑的主观反映，是主体对自然和人类发展规律认知活动的产物。探寻客观事物规律是知识的无限追求，而有限理性主体的价值及精神状态决定了知识内在的价值性。主体的价值倾向、情感、意志、观念等是知识生成必不可少的主体要素，对知识产生的影响力再次被肯定。知识是认识主体与其他主体、客体交往实践活动的产物。因此，知识具有建构性，是动态的、开放的、自我调节的系统。

第二，纯粹客观的"实体"知识是不存在的，任何知识都是在一定时空的文化、观念和情境下形成与发展的，价值、德性与知识是密不可分的。先于"我"存在的"我们"(内含价值、伦理和习惯等群体性精神)对"我"的认知起到指引和约束的作用，意味着知识与价值是不可分的，否定历史、文化、地域的作用而形成的知识是虚空的。

第三，知识的理性是包含德行的。理性并不代表一堆无生命体征纯粹客观的代码，而是蕴含丰富的价值底蕴。只有将"和谐"作为认知和改造世界的最终目的和原动力，认知和改造才具有意义，具有这样品性的知识才能获得自身的本质，才能焕发理性的光芒。

第四，客观科学与主体价值、德行在知识体系中处于并重关系。德来源于知识而又超越于知识，既根植客观世界，又具有超越客观的自身价值。知识不仅指向客体，也根植主体。主体的德行、价值观等主观要素对客体理性的架构起到引领作用，客体的理性为主体精神的塑造奠定丰厚的基石。两者交互影响，相互促进，协调发展。知识不仅是对客观世界认知和改造的追求，也是对主体自我和谐的追求。知识之本质为"人更好地为人"。这是知识观的后现代立场。

由此可见，后现代一元知识形态是对古代极致道德一元知识形态和现代二元知识形态的吸收和修正。它强调主观德行是知识体系的重要元素，但不是对纯粹主观一元知识的简单重复，也不是对二元知识的完全摒弃，而是对两者的辩证吸收，将古代纯粹德性的一元论从道德领域向知识体系进行理性拓展，同时，也将现代二元知识合为一体，呈现知识的价值追求，从而形成主观德行与客观科学并重的一元知识体系。

三、内生性课程思政的内涵

知识与课程关系密切。知识既是课程教育的重要目标，又是课程的主要内容和载体，知识形态直接决定课程的价值和功能。

(一) 知识形态的历史演变与课程教育功能流变相契合

知识形态的历史演变经历了主体自身到客体中心最终到主客体相统一的发展过程。也就是说,人类对于知识的认知经历了知识即美德,知识与价值、美德无关,知识与价值共为一体的演变过程。基于这样的知识历史演变,课程教育的内容和功能也随之发生了历史变革。

纵观古代课程设置,体现了重德轻艺的课程思想特征。我国西周时期设置以"礼"和"乐"为核心学科的"六艺"课程体系,春秋战国时期以孔子为代表所设的课程强调伦理道德教育,汉唐时期的课程偏重伦理道德和纲常礼教的课程思想,宋明时期开设的课程以道德修身为核心。这些课程,无论是教育内容的选择抑或是思维和技能的训练模式构建,都以德育为导向,其最终目标都指向德行培养。揭示客观世界内在规律的知识本体价值在课程体系中无迹可寻。这样的课程价值定位和教育内容与当时"知识即美德"的一元知识形态相契合,是基于道德至上的一元知识形态而生成的课程教育观。

伴随现代二元知识体系的形成,现代课程体系分裂为两种相互独立的课程结构:专业课程和思政课程。专业课程教育仅涉足对外在于主体规律的纯粹客观性,学生认识、理解和应用这种知识的过程就是学生不断遗忘自我、消解自我世界和丢失自我生存本土性的过程,受教育成为一种被知识奴役的过程。同时,思政课程教育涉及纯粹主体内在精神的塑造和培养,因缺失知识的色彩而使学生对此生厌,难以发挥德育教育的作用。在这样的课程建构下,现代教育危机日益显现,现代人处于知识与道德的分裂和冲突之中,比如:获得高分的"学霸"利用高科技,做出危害社会的行为;荣获科研大奖的学者学术造假;法学知识渊博的法律职业者无法控制私欲,锒铛入狱。知识在一定程度上成为破坏人类社会进步的力量。注重知识的精神引领成为解决现代教育危机的出路。

伴随后现代一元知识形态的形成,基于现代二元知识的课程教育模式失去了合理性依据,解构现代课程教育体系,探索后现代课程教育改革成为时代发展的必然趋势。这场改革的结果是,以生态化课程为代表的后现代课程范式逐渐取代二元课程体系。课程以系统性和整体性为指导思想，建构体现"人与自然和谐发展"的整体课程，在传授课程知识的同时，强调对学生人文精神和创新精神等主体素养的培养。课程价值和功能定位于促进学生身体、情感、精神、知识、技能、智力的协调平衡发展。

综上所述，课程设置及价值、功能定位是与知识形态的发展变化相契合的，知识形态决定课程范式。基于道德至上的古代一元知识，课程教育功能完全为德育，思政课程是课程体系的全部。基于现代二元知识，专业课程没有思想政治功能。而后现代一元知识所塑造的课程具有思想政治教育功能。由此可见，知识形态的变化，是思想政治教育游离于课程内外的重要影响因素。

(二) 内生性课程思政：后现代一元知识形态的逻辑必然选择

所谓课程思政，就是将思想政治教育融入课程之中，以充分发挥课程的育人功能的一种课程观。其中，思想政治教育要素与专业知识的关系是课程思政的核心问题，决定着课程思政内涵、模式、内在体系、构建路径。

目前，无论是实践探索还是理论研究，都存在"外融性"课程思政范式，即将思政课程的教育内容进行分解，运用一定的方法，通过与专业课程的契合点，将思政元素从外向内融入专业知识，将原有的一元教育内容改为二元教育内容，即"专业知识+德育知识"，形成"1+1=2"的内在结构。在这种模式下，课程思政的资料来源是思政课程的教育内容，而专业知识依然是一堆按照一定规律堆积起来的静态的代码，体系精美但没有生命力。思想政治元素是专业知识和专业教育的外在之物，这种把本不属于一体的事物拼接到一起的做法，只是一种形式上的统一，实质上依然是二元知识体系架构的课程。由于是外来之物，容易产生"排斥"现象，不仅不能实现专业课堂教学的"育人"效能，还会削弱专业知识的教育力。

外融性课程思政是基于现代二元知识形态而生成的课程范式，是一种落后于时代发展需要，与后现代一元知识形态相违背的课程观，这样而生成的课程思政只是形式上的课程思政，并不是真正意义上的课程思政。

知识是教育的目标和重要内容，是课程的基石和核心，课程基于知识而生，知识形态的发展塑造了新时代课程观。课程思政应是基于后现代一元知识形态而生成的课程范式。无论是习近平总书记在全国高校思想政治工作会议上提出的"各类课程与思想政治理论课同向同行",还是上海高校对课程思政的实践探索,都是对基于后现代一元知识观而生成的新时代生态化课程改革所做出的积极回应,是为了适应新时期知识发展而做出的必然选择。后现代一元知识观认为,知识与价值互为内涵关系,价值引领知识,知识是价值的底蕴,两者融为一体,不可分割,是一种你中有我、我中有你,相互融合、相互促进而生成知识的内在关系。这里所指的价值,指向思政范畴。由此,专业知识与思政要素本就是一个整体,两者互为需要,互相促进。基于这样整体性的知识体系形成的课程,兼具知识传授与价值引领二元功能,思想政治教育功能是基于一元知识内在逻辑的必然结果。因其基于课程知识的内在结构而自然生成,因此称为内生性课程思政。可见,所谓内生性课程思政,指思政元素内生于专业知识,专业知识蕴含丰富的思政元素,通过找到分离点,将思政要素从专业知识中挖掘出来,在专业知识和技能教育过程中,运用专业话语,在专业情境下自然生成思想政治教育理念。相较于外融性课程思政,内生性课程思政具有融合、协调、一体的特点,属于"内涵提升式"课程思政。

四、内生性课程思政的体系构建

任何学科知识体系都是多层次的,每个层次都蕴含不同的思政元素,可以以此为框架,构建课程思政体系。例如,法学知识形态存在价值、规范和适用三个层面,基于此,知识形态形成"一纵两横"交织的"网格化"课程思政体系。知识的价值是课程思政的主线,知识的理性是课程思政的着力点,知识的适用是课程思政内化的落脚点。如此,以专业课程为平台,依托专业知识逻辑体系,形成具有内在逻辑性的课程思政内容体系。

(一) 课程思政内容体系的主线:知识的价值

所谓价值,指客体对主体需要的符合性,是人的需要在客体中的对象化,是主客体建立联系的桥梁。知识并不仅仅涉及事物按照一定规则的整合，还涉及基础和意义并受其指向。因此，知识是一种符合价值目的的体系。由此，价值是知识的生命，是知识生成和发展的原动力和调整器，它贯穿整个知识体系，决定着知识的发展方向，是知识内容体系的内在主线。不同价值追求塑造不同的知识体系。

对于法学、法条、法律制度是其外在表现，其深层价值是体现人类生存发展的意义。也就是说，法律规范蕴含价值的建构，这是法学本质之所在，是建构法学课程思政体系的主线。

在价值体系中，事物的本源、内在精神、存在的根基及终极关怀是关切的焦点，这些考察点是思想政治教育的丰富宝藏。对知识价值的深思和把握，既是正确和深入理解基本原理的前提，也是课程思政的重要切入点、逻辑起点和课程思政体系的构建主线，由此形成以知识的价值追求为课程思政体系主线的内在结构体系。例如，刑法学课程，开篇的刑法概述中包括刑法目的、任务、根据和机能等基本知识要点，而这些关于刑法实质理性的探究都是围绕刑法的价值或精神而展开的。孟德斯鸠提出的"刑法是为保障自由而存在的"与德国刑法学家冯·李斯特提出的"刑法既是善良人的大宪章，也是犯罪人的大宪章"，构成刑法"保护与保障协调发展"的终极价值追求。这种价值层面的诠释既有助于帮助学生正确把握基本法理，同时，也隐性地展开了关切社会、尊重人权、关注人性、人类前途终极关怀等人文精神的思政教育，这些也成为刑法学课程思政的构建主线，并贯穿刑法学课程教学始终。在定罪、量刑基本制度中，可以设计一系列问题，刑法学为什么发生时代知识转型？我国死刑罪名为什么在逐渐减少？我国正当防卫案件审判发生了怎样的变化，为什么会发生这样的变化？等等。对于这些问题的解答，离不开对刑法终极价值追求的解读。将刑法作为统治和镇压的工具是古代刑法的价值所在，由此形成了以擅断、酷刑为核心的刑法知识体系。从古代的酷刑到当今的刑罚轻缓化，这一理性发展过程饱含现代法治人文关怀的精神。

(二) 课程思政教育的着力点：知识的理性

科学体系是理性的架构。所谓理性，就是用评价行为后果的某个价值体系，去选择令人满意的备选行为方案。这是科学的形式理性。这种理性不仅指关切对象的理性，也指认知主体自身的精神、自由、秩序等理性架构。从后现代一元知识观关照下，两者理性是为一体。知识理性中包含价值理性，价值理性是知识理性产生的工具和条件，知识理性是价值理性的支撑。知识的理性气质是实现道德的重要力量。没有知识的支撑，美德将失去价值性。任何知识都闪烁着理性的光芒，正是这种理性，促进了人类道德的进步。由此，专业知识的基本原理是思政元素的宝藏，深入挖掘其中蕴含的思政元素，并以一定的方式呈现，是课程思政的着力点。

形式理性是一个动态的、开放性的立体概念。知识的形式理性是通过不断追求和相互借鉴学习而生成的。因此，除了对原理内涵做基本解读，还可以对专业知识内容做纵向演变和横向比较，已成为课程思政呈现与展开的着力点。

从纵向发展来看，知识的理性不是一蹴而就的，知识的历史演变就是不断接近理性的过程，通过梳理知识的演变路径和探寻发展的内在规律，不仅能感悟到知识内涵的科学真谛，更能感受到德行进步的力量。因为知识形态的变革总是在一定精神指引下有目的的发展，精神和目的蕴含丰富的思政元素。同时，通过对知识变革原因的分析，必然将知识演变放置在社会这个大环境和历史发展的背景下加以审视。历史与传统文化、民族精神息息相关，社会蕴涵和谐的价值底蕴，知识与历史和社会的融合，塑造了知识浓重的德行气质。解构基本原理的发展机理是课程思政生成的重要路径。

知识的理性也离不开横向的借鉴学习。在借鉴学习中，同样蕴含着丰富的思政要素。知识是无国界的，可相互借鉴和学习。同时，知识又深受各种因素制约，如基本国情、传统文化、经济发展等，只有根植于这些要素之上而产生的"本土知识"，才具有生命力。这也是一种理性的体现。这种理论话语自然地传达了文化自信和对中国特色社会主义道路认同的丰富思政教育信息。

例如，刑法学的正当防卫制度，通过"两纵两横"知识谱系，展开思政教育。两纵指从法律制度和司法适用两个视角展开正当防卫的历史演变梳理分析。两横指正当防卫制度的本质精神和中外比较讲解。对正当防卫制度的本质解读，是对正当防卫价值取向的思考。从现代法治发展的方向来看，实现被侵害者权利和维护法秩序平衡应是正当防卫的本质。中外比较，英美法系正当防卫制度体现的是"主观标准"，更注重对行为人主观要素的考量。与之不同，大陆法系对正当防卫构成要件的构建更多地采用"客观标准"。两种标准优劣各有。从制度演变层面看，1979 年刑法到 1997 年刑法对正当防卫的规定，经历了从正当防卫权限定过窄到在一定程度上扩大正当防卫权的制度演变。从司法适用层面看，经历了公权力与私权、自由和秩序完全失衡到达致平衡的发展趋势。

这种"网格状"的知识谱系内聚集了丰富的思政教育要素，通过法学的理论话语构建了思政教育体系。正当防卫制度的本质和历史发展的理论话语体系承载了正义的丰富内涵，做出有温度的判决，内涵丰富的人文情怀，人性的深层把握是解决司法适用异化的路径，扎根本土，构建情理与法理的平衡机制是中国特色的法治内涵。这种本土知识是一个民族在长期的实践中形成的适合本地区发展的集体智慧的结晶，是培养民族自豪感的资源。

(三) 课程思政内化的落脚点：知识的适用

所谓适用理性，指在充满变动、不确定和多样性的场域，行为人恰当地运用知识，展开实践逻辑推理，有效地做出解决现实问题的行动选择。适用离不开知识，知识的理性对适用的行动起到重要的指引作用，为适用理性奠定了基础。但是，知识的理性并不等同于知识的适用理性。从知道到适用，需要实践智慧的选择，而实践智慧是在具体情景中对善的敏锐感知，包括三种类型的"善"，人与自身之间关系的人道理性、人与自然之间关系的工具理性、人与他人或社会之间关系的交往理性。由此可见，适用理性是对思政要素的整合。适用方案的选取，行动路径的确定，决策的做出，都包含思政要素。自我的德行理性、职业道德理性、与他人的互动理性，以及人性向善、公平正义和友善交往等品质素养，这些思政要素因具有实践经验的意义而成为课程思政教育的落脚点。

法律的生命在于适用。只有运用法律去解决实际问题，法律的价值意义才得以体现。因此，法的适用是法学重要的知识形态。适用法律，是将法律放置于社会各种复杂关系之中，做出正义的判定。在法律的选择和解读的过程中，内聚了适用人的利益、德行、信念、责任感和使命感等多元非法律要素，是思政教育的丰富场域。

例如，在讲授刑法学课程刑罚一章时，可引入热点案例判决，组织主题讨论，以现实案例判决展开一场生动的思政教育之宴。可以先展示来自法官、辩护律师、学者和民众对该案的不同声音，然后让学生对以上观点特别是不同法律人对法律的适用进行讨论，发表自己的观点，展开多角度的大讨论。通过这场讨论活动，学生不仅对犯罪和刑罚法理有深入的认知，同时，通过对各种角色声音的辨析和现场不同观点的激烈碰撞，"大我""无私"和坚定的理想信念，以及人文情怀的培养等思政素养，在学生的内心自然生成。

参考文献

[1] 高德毅，宗爱东. 从思政课程到课程思政：从战略高度构建高校思想政治教育课程体系[J]. 中国高等教育，2017(1)：43-46.

[2] 陆道坤. 课程思政推行中若干核心问题及解决思路：基于专业课程思政的探讨[J]. 思想理论教育，2018(3)：64-69.

[3] 敖祖辉，王瑶. 高校"课程思政"的价值内核及其实践路径选择研究[J]. 黑龙江高教研究，2019(3)：128-132.

[4] 邱伟光. 课程思政的价值意蕴与生成路径[J]. 思想理论教育，2017(7)：10-14.

[5] 刘承功. 高校深入推进"课程思政"的若干思考[J]. 思想理论教育，2018，471(6)：64-69.

[6] 邱仁富. "课程思政"与"思政课程"同向同行的理论阐释[J]. 思想教育研究，2018(4)：109-113.

[7] 高宁，张梦. 对"课程思政"建设若干理论问题的"课程论"分析[J]. 中国大学教学，2018.

[8] 肖香龙，朱珠. "大思政"格局下课程思政的探索与实践[J]. 思想理论教育导刊，2018(10)：133-135.

[9] 成桂英，王继平. 课程思政是提高高校教师思想政治工作实效性的有力抓手[J]. 思想理论教育导刊，2019(8)：142-146.

[10] 余江涛，王文起，徐晏清. 专业教师实践"课程思政"的逻辑及其要领——以理工科课程为例[J]. 学校党建与思想教育，2018(1)：64-66.

[11] 阿多诺. 主体与客体[M]. 张旺，译. 上海社会科学院哲学研究所外国哲学研究室编. 法兰克福学派论著选集：上卷. 北京：商务印书馆，1998：208.

[12] 董云川，沈云都. 仿真知识的生产及其道德性：以王阳明"知行合一"知识观为参照[J]. 现代大学教育，2018(6)：6-12.

[13] 宋燕. "学术"一解[J]. 清华大学教育研究，2012，33(2)：18-24.

[14] 石中英. 知识性质的转变与教育改革[J]. 清华大学教育研究，2001(2)：29-36.

[15] 利奥塔尔. 后现代状态：关于知识的报告[M]. 车槿山，译. 北京：生活·读书·新知三联书店，1997.

[16] 马克斯·舍勒. 知识社会学问题[M]. 艾彦，译. 南京：译林出版社，2012.

[17] 和学新，任庆月. 试论中国古代课程思想及其特点[J]. 河北师范大学学报(教育科学版)，2012(10)：16-24.

[18] 杨宝山，孙福万. 21世纪课程目标：向后现代教育过渡[J]. 北京师范大学学报：社会科学版，2000(4)：32-38.

[19] 何曙芝，王庭之. 生态化课程：面向未来的职业教育课程展望[J]. 职业技术教育，2013，34(19)：37-41.

[20] 李德顺. 价值论[M]. 2版. 北京：中国人民大学出版社，2007.

[21] 张广. 人性的启蒙：何谓康德的纯粹理性的建筑术？[J]. 现代哲学，2018.

[22] 孟德斯鸠. 论法的精神：上册[M]. 张雁深，译. 北京：商务印书馆，1961.

[23] 赫伯特·西蒙. 现代决策理论的基石[M]. 杨砾，徐立，译. 北京：北京经济学院出版社，1989.

[24] 何良安，HELiang-an. 论亚里士多德德性论与苏格拉底、柏拉图的差别[J]. 湖南师范大学社会科学学报，2014，43(4)：18-24.

[25] 王炳书. 实践理性辨析[J]. 武汉大学学报(人文科学版)，2001，54(3)：270-275.

课程思政的翻转教学路径研究

宋明

(齐鲁工业大学 机械与汽车工程学院 济南 250353)

摘要：课程思政是高等教育中实现全面育人目标的重要一环，针对课程思政教学的实现，选择一条适合的路径显得尤为重要。本文提出了一种课程思政的"翻转"教学路径，教师让出教学的主角位置，让学生主动参与到课程思政教学过程中来，实现潜移默化的思政教学。以该方法在材料力学课程中的实践为例，其结果表明，该方法可以有效降低学生的抵触情绪，提高学生对思政教学的接受和参与程度，获得了良好的课程思政教学效果，为专业课程思政教学实践提供了新的方法。

关键词：课程思政 翻转教学 材料力学

"要坚持显性教育和隐性教育相统一，挖掘其他课程和教学方式中蕴含的思想政治教育资源，实现全员全程全方位育人"，是新形势下国家对高校思想政治教育提出的要求，对高校教学特别是思政教学具有重要的指导意义。

要想实现显性与隐性的统一，就要注意思政课程和课程思政之间的联系和区别，把作为主战场的思政课程与作为辅助角色的课程思政协调起来，尝试将思政教育理念和元素融入专业课的教学过程，研究适用于课程思政的教学方法，提升课程思政的教学效果。

但是，由于专业课教学内容与思想政治教育内容差别较大，以及学生对传统思想政治教育内容、方法等存在抵触心理等原因，实际进行专业课中的课程思政教学内容教学时，学生普遍反映不佳，接受度并不理想。这一问题导致由教师口到学生心的"最后 5 米路"走得并不顺畅，严重制约了课程思政教学的具体开展及教学目标的实现。

一、专业课程思政教学现状

国内思政课程开展时间较早，取得了很多的成绩，但是专业课程思政活动开展时间相对较晚，开展范围相对较小，开展的相关教学研究还不是很充分。总的来看，课程思政的具体实施方式有两种较为具有代表性的形式，分别是上海大学的"上海经验"和齐鲁工业大学的"德融课堂"。

2014 年开始，上海大学单独开设"大国方略"等课程，开展课程思政教学。这种教学方式是单独抽出一门专业课程的基础入门知识，将其作为引子，进行实质上的思政课教育，让学生在学习专业课的基础知识的同时，受到思想政治教育。这种方式的优点是以专业的基础知识为引子让学生接受起来更加容易，思政教学内容更加全面和体系化。但其也有不足之处，如：给学生和教师增加了很大的负担；难以开展更深层次的专业课程教学；需要大量的支持资源，教学成本较高。

自 2015 年以来，齐鲁工业大学开展了"德融课堂"活动，要求全体教师在专业课原有的教学秩序和教学目标不变的基础上，将思想政治教育内容自然、流畅、易接受地穿插于专业课的教学过程中。这种教学方式以春风化雨、润物无声的形式使课堂真正成为"传道、受业、解惑"的立德树人阵地。这种教学方式不会增加学生和教师负担，不会干扰原有专业课的教学秩序，教学成本较低，方便应用和推广。在此背景下，笔者所在教学团队的老师从 2015 年开始就逐步开展了课程思政的相关研究及教学工作，以"材料力学"专业课程为实例，尝试在教学中隐性地融入思想政治教育内容，努力践行习近平总书记提出的课程思政"隐性"教学要求，取得了一些成果，如发表了许多相关论文，提高了教学效果等。

但是应该注意到，现在的研究仍存在以下的不足。

(1) 多数研究没有对学生存在的思政教育抵触情绪给予足够重视。

(2) 研究所使用的课程思政教学方案和策略具有局限性，应用和推广存在一定难度。

针对上述问题，本文提出课程思政翻转教学法，对专业课中开展课程思政教学的具体过程进行研究，希望弥补以往研究的不足。

二、课程思政翻转教学方法

(一) 教学理念

课程思政教学的难点之一，就是学生对教学内容的接受程度不高，有些时候甚至存在"抵触情绪"。这种现象在课程思政教学的过程中经常出现。

针对学生的抵触情绪，可以将翻转教学法引入到课程思政的教学过程中，重新排布学生和教师的位置，将传统意义上的教授主体——教师转移到幕后，让接受教育的学生站到前台，让学生在学习过程中，主动参与思政教育、熟悉思政教育，最终接受思政教育。翻转教学的师生关系示意图，如图 5-1 所示。

图 5-1　翻转教学法教学关系

(二) 教学方法

在实施翻转教学法的过程中，并非简单地将教师和学生的位置对调，而是要制定有针对性的措施。我们可以将其分解为三个操作步骤，即翻转、总结、提升，如图 5-2 所示。

图 5-2　翻转教学法实施步骤

"翻转"是基础，教师通过布置需要学生主动参与进来的教学任务，让学生动起来，如让学生撰写小型观点性研究发言稿，让学生解决开放性问题，提出实例让学生分析等。

"总结"是桥梁，先在课程中进行上述翻转内容的实践，然后进行汇总和分析，让学生从简单、表象的内容中跳出来，看到问题的本质。

"提升"是目的，将学生所没有看到的，或者没有想到的思政教育内容引导出来，让学生联系已经进行的翻转教学，使提出的思政教学内容更加具有亲和力。

(三) 教学内容

在课程思政教学具体的实施路径中，教学内容是核心，它直接关系到教学的成功。在确立教学内容的过程中，应该先选择开展思政教学的位置，再选择开展教学的形式，最后确定思政教学的内容。

由于课程思政是要在日常的专业课教学中开展思政教学工作，在这个过程中，教学的切入点非常重要，需要选择适宜的切入点，不能让教学过程显得过于突兀和干涩。一般来说，在知识点的讲解过程中，有较多的切入点。另外，还可以在实例教学中设置切入点。

切入点确定之后，采用的教学形式需要与切入点的特点相匹配，同时还要考虑课程进行中的专业知识教学连续性问题。可以尝试在布置课后作业时设置任务，在课堂教学时进行分享和回顾。

最后，需要在"提升"阶段详细研究引导过程，将学生的思维引导到思政教学的教学目标上来。

(四) 效果评价

思政教学的最终目的，是希望学生在专业课程的教学过程中，不仅接受专业知识的教学，还能接受思想政治教育的洗礼，希望将思政教学从专业的思政课程的范围内引导出来，达到全方位育人的目的。其教学效果评价，不仅影响教学的反馈和后续的改进，还有可能影响前期的思政教学成果。

具体实施教学效果评价时，如果采用内容直白的调查问卷、当面谈话等评价方法，很有可能使学生有抵触心理，让思政教学过程显得过于目的化，妨碍学生的认同感。因此，可以采用代表影响因素的间接评价方法，将学生参与讨论和分享的比率、学生在思政教学过程中的回应率、网络化平台反馈等作为评价的关键因素。

三、实践实例

"材料力学"是很多工科专业的专业基础课，这门课本身的抽象知识多，还有一些公式推导和计算的过程，对其开展课程思政教学工作，难度较大，下面以该课程为实例，演示翻转教学方法的实施路径。

专业课教学点：梁弯曲时强度计算。

介入点：讲完梁弯曲时最大正应力计算公式，列出下面这个公式，为

$$\sigma = \frac{My}{l_z}$$

1. 翻转教学方法内容适用性分析

弯曲梁的强度问题是"材料力学"课程中常见的基本变形强度计算中的重要一环。一个正常的梁件，应当具有足够的强度。一方面，由于梁的强度问题本身相对抽象，很多学生也没有接触过相关概念，接受起来相对吃力，需要有一些相对形象和贴近学生生活的实例将知识进行内化。另一方面，梁的强度问题在日常的生活和工作中较为常见，特别是梁的失效问题，也较容易找到实例，学生接受起来较为容易。在思政教学方面，公式中的关键影响参数(如 I、M、y 等)在计算梁弯曲时所起的作用，与学生的专业知识宽度、自控能力的强弱、团队工作的适应度等因素对人们生活产生的影响相互呼应。可以尝试在这个方面开展课程思政教学活动。

2. 课程思政翻转教学方法实施

由于梁失效问题的相关工程实例较多，因此，可以让学生寻找实例并总结，在课堂上进行分享。

3. 课程思政翻转教学方法步骤

(1) 翻转。在"材料力学"课程的教学过程中，讲授完弯曲梁正应力计算公式后，教师可提出该公式的应用环境和应用实例的问题，布置以分析目标梁件强度为重点的计算分析任务，让学生尝试寻找和分析梁正应力计算的应用实例，将学生的目光引导到日常生活中来。通过让学生寻找身边的实例，并在课下尝试撰写不少于400字的分析发言稿，可以帮助学生理清思路。

(2) 总结。在下次上课时，学生可以将自己寻找的实例及分析的内容分享给同学们；教师在一旁聆听，在适当的时候做简单的内容总结和评价，并注意寻找其中的思政教学闪光点。在实际教学中，学生经常采用的实例有大楼的垮塌、大型设备的损毁、大型建筑结构的破坏等。教师可在此过程中总结这些实例的共同特点，即梁上的最大正应力大于材料的许用应力，从而导致失效，并对实例的失效原因进行归类分析，"豆腐渣"大楼的垮塌问题多为 I 参数不理想；大型设备的损毁多为 M 出现了较大增加；大型建筑结构的破坏多为 y 设计得不理想等。

(3) 提升。同学们进行了较为充分的分享后，教师需要将学生讲述的内容引导到思政教学的目标上，提出同学们可以把梁弯曲正应力计算公式运用于日常生活，如果同学们对自己的要求不严格，就相当于公式中的 I 值降低，即目标件的承载能力降低，则应当注意保持刻苦努力的学习精神，不放松对自己的要求和约束，牢固树立努力奋进的思想意识，过好大学生活的每一天；如果同学们不注意团队协作，只聚焦于自己的生活和学习，不注意团结同学和相互配合，所有工作都要自己做，就很容易在较为困难的工作中败下阵来，就像 M 值过大了，反而会让整个系统失效，得道者多助，失道者寡助，要摆正自己在团队工作的位置，在需要时主动寻求和协调他人的帮助，并在可能的情况下尽力给予他人帮助；如果在学习中不注意吸收专业基础课的知识，只关心专业课，就有可能犯降低 y 值的错误，即不积极主动地掌握和学习相关专业的周边知识，这样就很容易出现难以将本学科推向深入的问题，导致学术上难以持久，且容易受到干扰。

4. 课程思政翻转教学方法效果总结

上述教学路径已经在实际教学中进行了实践，经统计发现，只有不到 15% 的学生对思政教学内容的参与感不强烈。在课堂教学"提升"部分中，学生反映较为强烈，统计数据表明，有超过 60% 的学生较为认同。在课下与学生的交流中，也有很多学生明确表示这种教学过程既能加深对专业课知识的理解，又能让自己思考和发现一些以前没有注意到的问题，很有收获。

四、结语

本研究针对专业课程思政教学中的最后一环——具体实施的教学路径，分析了现有专业课程思政教学的研究现状，总结了当前课程思政教学研究过程中存在的问题，提出了翻转教学法的课程思政教学方法概念，进行了相应的教学理念、教学方法、教学内容和效果评价的研究，以"材料力学"课程为例进行翻转教学方法的教学实践，并获得了令人满意的教学效果。专业课程思政翻转教学法，为改变传统课程思政教学过程提供了新的途径，为多学科教师和多专业学生课程思政教学的改革提供了参考。

参考文献

[1] 习近平主持召开学校思想政治理论课教师座谈会强调：用新时代中国特色社会主义思想铸魂育人　贯彻党的教育方针落实立德树人根本任务[N]. 人民日报，2019-03-19.

[2] 王寿斌. 思政课要坚持显性教育与隐性教育相统一[J]. 河南教育：职成教(下)，2020(3)：19-20.

[3] 王金伟. 基于"大国方略"课程教学模式的高校思想政治理论课话语体系研究：以上海大学实践探索为例[J]. 思想教育研究，2016(1)：48-51.

[4] 葛爱冬，张迎春. 以"德融课堂"促进立德树人的实践和思考[J]. 高教学刊，2017(22)：27-29+32.

基于专业课程德融课堂的思政教学模式探索

肖中俊

(齐鲁工业大学 电气工程与自动化学院 济南 250353)

摘要： 正确的思政教育能够引导学生成为服务社会主义事业的建设者。课程思政作为一种创新的教学理念，在专业教学中培养具有家国情怀、德才兼备的新型人才，效果显著。高校从传统的"思政课程"向创新的"课程思政"转化，德融课堂作为一种有效的教学模式，将思政融入日常专业课程，在潜移默化中加深青年学子对思政体系的理解，完成立德树人培养目标。

关键词： 思政教育 课程思政 德融课堂 立德树人

一、引言

百年大计，教育为本，在高校教育过程中，思想政治教育作为落实立德树人根本任务的关键环节，如何从传统的"思政课程"向创新的"课程思政"转化，是落实习近平总书记"培养什么人、怎样培养人、为谁培养人"这一根本问题的重要举措。

二、德融课堂思政教学的意义

(一) 新时代高等教育发展道路

在我国高等教育由大到强的过渡时期，必须坚持走自己的高等教育发展道路。高校作为知识分子的聚集地，青年学子的学习殿堂，必须紧紧抓住办好新时代中国特色社会主义高等教育这面大旗。

习近平总书记强调，我们的高校是党领导下的高校，是中国特色社会主义高校。要牢牢把握社会主义办学方向，坚持以马克思主义为指导，坚持党对高校的领导，增强道路自信、理论自信、制度自信、文化自信，培养中国特色社会主义合格建设者和可靠接班人。

(二) 课程思政的必要性

习近平总书记在全国高校思想政治工作会议上的重要讲话思想深邃，高屋建瓴，为全体高校教育工作者提出了更高的要求。要坚持把立德树人作为中心环节，把思想政治工作贯穿教育教学全过程，实现全员育人、全程育人、全方位育人，努力开创我国高等教育事业发展新局面。

课程思政并不是在大学中新开设一门课程，而是将思想政治教育、马克思主义融入日常的专业课程教学，课程思政是社会主义新时代的思想政治工作的理念，强调高校思想政治工作要从传统的思政课程向课程思政转移，本质在于课程思政教育的基本载体，任何课程的教学都应当承担思政责任，在大思政的理念下形成全员育人、全程育人、全方位育人的思政教育氛围。从国家意识形态战略高度出发，以培养社会主义建设者与接班人为核心目标，在专业培养方案与课程体系中，除了打造核心的思想政治理论课程群以外，还需要充分挖掘各个专业将近 50 至 60 门非思政的课程，利用社会主义理论体系、时事政治、传统文化、中华美德、自然科学等与课程知识的关联性，使各门课程的"知识点"自然蕴含与承载着思政元素，形成德融课堂教学模式，以一种潜移默化的方式，融德于教，实现思政与专业知识有机统一，促进学生成长成才。

三、德融课堂在专业课程体系中的实践

(一) 课堂教学理念与模式

在专业课堂中，学生最忌讳的是教师照本宣科式的教学。这种教学方式最终导致教师、学生都在"自娱自乐"，对学生的成长和发展毫无益处。

因此，首先需要教师下功夫，做好课程设计与课程分析。在备课过程中，做好"三凝三有"课程，"三凝"即凝练最有效的教学方法，融聚最有用的内容，添入最先进的知识理念，"三有"即是使学生学到"有效、有用、先进"的课程。

在理论教学过程中，以课堂教学为主，融入德融元素，倡导讨论、分析、案例式教学法，调动学生学习的积极性，激发学生的学习潜能。同时，有效地借助网络资源平台、多媒体教学、视频资源库、板书讲解演示等，提高教学传递知识的有效性、艺术性。在实践教学过程中，采用"一讲二做三思考"。结合实践教学内容，教师先讲，把问题提出来；学生再做，把实验做出来，教师辅导与验收；最后，教师要求学生做出新的、更合理的设计方案。

在工科专业门类课程的教学中，更需要秉承"学中做，做中学"的教学理念，不要生硬地将理论与实践割裂开来，而是要注重在理论教学与实践教学过程中理论知识与实践技能的融合，做好理论指导实践，实践指导理论的"双线教学融合"教学模式，并通过大学生科技创新竞赛文化品牌、创新创业项目、开放实验室、协同育人项目、科研促教等形式，充分激发与挖掘学生创新潜力。

(二) 德融课堂的内容创新方式探索

德融课堂的具体体现方式，主要表现在课程内容上，以专业知识为切入点，通过类比、反比等形式融入德育元素。如笔者主讲的课程"化工仪表及自动化"，从课程的意义、控制系统中干扰及自动控制抗干扰的意义、控制系统中正反馈负反馈、控制对象特性三要素、PID 控制规律配合、PID 公式的外延含义、控制系统设计流程法则、课程内容融会贯通，理论与实践统一等几个方面来阐释"读万卷书，行万里路""世间纷扰，只会让我更坚强""学习的正负反馈原理""取长补短，共存共荣""认识自己，规划未来""规范与原则在心中""知行合一，应用型人才达标"等德育元素，通过知识点启示、案例演绎、古文诠释，于无声处融于课堂。

应选择比较贴切的德融课堂融入点，以较好地避免教条式说教，潜移默化地教导学生做人做事。教师要借助多年的教学经验，不断进行总结与积累，根据教学内容与知识的特点，在课堂中加入原来没有的德育部分，形成一股清新之风，提高课程教学的内涵，改善学生的学风，培养学生的人品与素养，同时不断提高授课教师的自身修养。

同时，建立课程德融整体观，将每一个小的德融点串联起来，形成一个有机整体，贯穿课程始终，形成德融课堂"德智"双学分课程体系，更有利于课程思政的教学效果。

(三) 德融课堂实践案例分析

课程案例 1

在理解"化工仪表及自动化"课程的意义时，大多数学生对此门课程不够重视，仅以拿到学分为目标，这样有违学习的初衷。我们应该通过"读万卷书，行万里路"的德融元素体现来启迪学生。

课程的作用：化工仪表及自动化为化工类专业课程，可以为学生提供技术支撑与知识储备，扩大学生的知识面，以适应生产的现代化需要，扩大就业途径。明朝董其昌《画禅室随笔·卷二》中有："读万卷书，行万里路，胸中脱去尘浊，自然丘壑内营，立成鄄鄂。"化工专业的学生必须借助专业交叉课程的学习，以扩充知识面。"读万卷书，行万里路"，学生只有在专业上既专又博，才能发挥专业优势。教师可以通过旁征博引，引起学生的重视与兴趣。大家对迈克尔·法拉第的励志故事已经耳熟能详。法拉第是英国物理学家、化学家，也是发现电磁感应现象的"电学之父"。他最初就是学习化学的，贫穷的家世使得他只上过小学。他为了生计，当街头报童，当书店学徒，但是，强烈的求知欲望让他博览群书。在跟随化学家戴维的过程中，他自学成才，提出电磁理论，为人类做出了巨大的贡献。

通过名人故事，可以更好地将专业、跨专业等技术领域串联起来，形象生动地将榜样展示给学生，达到"读万卷书，行万里路"的目的。德融不生硬，不反感，不空洞。

课程案例2

在"过程控制"课程中，在讲授自动控制抗干扰性能的知识点时，可以通过类比分析，说明我们在社会的各种诱惑干扰下如何排除万难，成就理想的德行观。以"世间纷扰，只会让我更坚强"实现德融体现。

在化工生产过程中，如果只有常规的生产工艺，一旦遇到工业过程中随机出现的干扰源，则会造成系统不稳，生产效率降低等现象，甚至出现大量产品不合格等现象。只有在一个可实现自动控制的闭环系统中，干扰才能够有效地予以清除，保证产品质量，使系统具备抗干扰功能，并且可以通过控制器的参数修正，让抗干扰能力更强。

对于我们每个人而言，外界事物纷繁复杂，如何在学生生涯中安之若素，不为所动，是对每个学生的品质修养的考验。我们每个人既是一个个体，也是一个体系，只要自己坚守良好的学习习惯，修心修性，为了一个一以贯之的"小目标、大目标"，以坚忍不拔之毅力，最终学有所成，事业有成，排除万难，取得成功。

可以将控制系统中的干扰比作我们身边的各种困难和艰辛，只要我们熬得住，禁得起风吹雨打，自然就具备了应付各种困难的能力。同时，通过当前名人的奋斗故事，不仅能很好地诠释了风雨彩虹的含义，也能把学生的心留在课堂，将专业知识记得更清楚，理解得更透彻。

课程案例 3

在"过程控制"课程中理解控制规律 PID 的含义时，融入相互配合、共同协作的思想，实现"取长补短，共存共荣"的德融体现。

在自动控制仪表中，常用的几种基本控制规律 P(比例)、I(积分)、D(微分)都有各自的优点，也有着自己明显的缺点，P 作用强，但会留下余差，I 可以消除余差，但动态反应慢，D 能够提前预控，但偏差变化小时其作用较弱。如果简单采用其中的某种控制方式，系统的动静态特性将达不到所期望的特性值。因此，有必要采用组合方式，使其相互配合，发挥各自优势，完成最优调节。

《吕氏春秋·用众》中有这样的描述："物固莫不有长；莫不有短；人亦然。故善学者，假人之长以补其短。"这里说的正是取长补短的道理。我们每个人都有长处，也有自己的不足，在为人、处世、学习、生活上，学会和别人配合，优势互补，形成一个整体和团队，能够获得更大的成果。

课程案例 4

在"供配电技术"课程中理解三相系统时，引入自然科学之美，吸引学生兴趣，将枯燥难懂的工业技术知识，自然而然地融入学生学习的全过程。

在电力系统中，常用三相正弦交流电进行供电。三相交流电的知识理论本来就晦涩难懂，如果再来进行三相系统的短路过程分析，对于自动化类、电气类的学生来说，接受起来有难度。因此，可以将三相系统与数学、图形学结合起来阐述。三相系统的数学之美在于它的交流信号取的是正弦信号，正弦信号平滑、连续，N 阶导数仍然是平滑连续的。这种信号在正常传输与供电过程中，对电力设备没有冲击、突变的危害，是系统正常运行的保证。同时，其在图形结构上具有对称的美。可以看到三相电压各自相差 120 度，在一周上是对称的；在电路结构上可以看出，在三相线路上，元件对称分布，也是对称结构，这就为我们将其从三相系统等效为单相系统提供了理论的可行性。

(四) 德融教学不拘形式

在教学方法上，应当辅以案例式教学等多种模式，将专业知识与德育元素密切融合。案例教学法相较于其他教学方法最突出的优势就是以专业知识案例为载体，以讨论为手段来进行教学，大量基于日常生活应用、工业应用的工程案例往往就取材于大学生身边的事例，如手机智能系统、安防系统、供暖供水系统等。这些贴近学生生活的真实案例，简单易懂，最能激发起学生的学习兴趣，引起他们心理上、情感上的共鸣，易于学生接受，提高了学生的参与积极性，活跃了整个德育课堂氛围。

同时，在实验教学过程中，可以更好地将案例式教学与德育发挥到极致。在基于实验教学的案例教学过程中，课前，学生要做好充足的准备工作，搜集、查找资料，实验中，通过对实验系统的安装、接线、调试、数据分析、质疑等，将讨论、辩论、小组团结协作等方式融入其中，让学生获得真实的心理体验，变枯燥、乏味的理论内容为生动、丰富的专业实践，更好地理解德融课堂内容体系，从而加深学生对德育内容的感性认识。

因此，在高校德育教学中采用案例教学法，将贴近学生生活的工程案例素材、实验实践素材与德育内容中的理论知识相结合，让高校专业课堂充满生活气息，从根本上提升了高校德育教学的魅力。

四、结语

齐鲁工业大学自 2015 年率先提出以德融课堂作为学生课程思政教学模式以来，效果显著，影响重大。笔者积极学习学校文件精神，凝练多年教学经验，努力提升自己政治水平，做到教人先修己。通过教学理念、教学模式、教学内容、教学方法的不断更新与探索，逐渐形成主讲课程"化工仪表及自动化""过程控制""供配电技术"等德融课堂体系，并带动齐鲁工业大学电气学院一大批教师，建设主讲课程的德融课堂，组成具有较强凝聚力的专业核心德融课程群与专业教学团队，有力地支撑专业人才培养体系的建设。

参考文献

[1] 肖中俊. 新形势下高等教育管理体系的变革与发展[J]. 中国教育学刊，2018(6).

[2] 台红蕊. 初探新时代"课程思政"改革的必然性及其成效[J]. 科教文汇(上旬刊)，2019(1)：41-42.

[3] 刘霞，刘小勇. 高职公共英语"课程思政"教学模式探索[J]. 黑龙江教育(理论与实践)，2019(9)：13-15.

[4] 刘美芬. "管理学"德融教学说课设计[J]. 科教导刊，2018(12)：123-124.

[5] 肖中俊，刘星萍，段华伟. 高校特色文化品牌建设的探索与思考：以齐鲁工业大学(山东省科学院)"电创空间"文化品牌为例[J]. 大学教育，2018(8)：118-120.

[6] 张宝全. 以"德融课堂"促进立德树人的教学实践与思考[J]. 创新创业理论研究与实践，2019(4)：65-66.

浅议中国传统伦理思想
融入法学专业课程思政

吴雪莲　张芃

(齐鲁工业大学 政法学院 济南 250353)

摘要： 习近平总书记多次强调，法学专业人才的培养要"德法兼修"，但是现阶段法学教育比较注重专业教育和职业伦理教育，德育教育略显薄弱，不能完全满足依法治国对人才的需求，因此开展专业课程思政是一项紧迫并且重要的任务。本文认为，专业课程思政应该以"德育"为核心、为主线，而中国传统伦理思想与社会主义核心价值观的契合是其重要源泉之一，其中的"礼法合一""德主刑辅"等法治观可为现代法治所借鉴，也容易被学生接受，因此能够成为课程思政一个很好的切入点。

关键词： 课程思政 道德教育 传统伦理思想

一、课程思政概述

高校在国家人才培养方面是至关重要的一环。只有当高校回答好"培养什么人、怎么培养人、为谁培养人"的问题时，才能真正承担起培养中国特色社会主义事业的建设者和接班人的重要责任。中共中央、国务院发布了《关于进一步加强和改进大学生思想政治教育的意见》(以下简称《意见》)，指出"加强和改进大学生思想政治教育，提高他们的思想政治素质，把他们培养成中国特色社会主义事业的建设者和接班人，对于全面实施科教兴国和人才强国战略，确保我国在激烈的国际竞争中始终立于不败之地，确保实现全面建设小康社会、加快推进社会主义现代化的宏伟目标，确保中国特色社会主义事业兴旺发达、后继有人，具有重大而深远的战略意义"。《意见》强调"加强和改进大学生思想政治教育是一项重大而紧迫的战略任务"，并指出"充分发挥课堂教学在大学生思想政治教育中的主导作用"。此后，习近平总书记的讲话和中央文件中也多次强调加强大学生的思想政治教育。

但是，在较长的一段时间内，很多高校和高校教师都对大学生的思想政治教育存在一定的误解，认为这仅仅是思想政治课的任务，与专业课没有关系，所以重视程度不够。对此，2016 年 12 月，习近平总书记在全国高校思想政治工作会议上特别明确强调："所有课堂都有育人功能""要用好课堂教学这个主渠道"，除了思政课外，"其他各门课都要守好一段渠、种好责任田，使各类课程与思想政治理论课同向同行，形成协同效应"。

由此，揭示了"课程思政"的内涵和总体目标，即构建高校思政课程体系，发挥所有课程的育人功能，形成协同育人的"三全"大格局。

对于课程思政的内容，笔者认为不应该狭隘地理解为"政治教育"，其核心应该是"德育"。这个"德"的概念非常广泛，包括政治品德、思想道德。具体而言，就是培养学生要有坚定的政治信念，也要有家国天下的情怀、公平正义的理念、追求真善美的愿望、勇担责任的精神，以及与自然、社会、他人和谐相处的行为规范，等等。概言之，就是让"德育"成为课程思政的主线，全方位培养学生的道德修养。

二、法学专业课程思政的必要性

(一) 法学专业课程思政的目的与意义

2017 年 5 月 3 日，习近平总书记在中国政法大学座谈会上的讲话中强调，"全面推进依法治国是一项长期而重大的历史任务，要立德树人，德法兼修，培养大批高素质法治人才。"人才是实现依法治国的基本保证，法学专业人才的素质，尤其是道德水平和政治修养，直接决定了法治中国的未来走向。作为法律人才培养的重要阵地，高校的法学专业教育不能仅仅只对学生进行专业知识和素质的培养，还应当对学生的思想意识形态进行引领，引导学生树立正确的道德观念，培养富有时代特色的人文精神。

从目前的理论研究和教学实践来看，到 2018 年底甚至 2019 年 6 月前，高校对法学专业学生的德育教育主要是依托"法律伦理学"课程或类似课程，集中于法律职业伦理规范教育，却往往忽略了学生应该具备的基本道德素养。笔者认为，"法学专业教育""法学职业伦理教育"与"法学道德教育"是完全不同的三个内容。"法学专业教育"强调的是专业理论教育；"法学职业伦理教育"强调的是职业规范与自律要求等；"法学德育教育"则强调对学生的思想品德和道德素质教育。换言之，法律职业道德只是法学专业学生的道德的一个组成部分，而学生的人生观、世界观和价值观，以及政治素养、法律信仰和文化修养，更基础，也更重要。只有具备了基本道德素养，才能形成正确的职业道德观，更好地遵守职业道德规范，更好地为法治社会服务。例如，近几年出现的很多争议判决案例，并不是因为法官专业知识和能力不足，也不是因为法官没有遵守职业道德，而是因为对法律的价值和中国的传统文化理解得不够深入。

由此，笔者认为法学专业课程思政恰恰弥补了以前法学教育中对学生基本道德素养和思想政治素养教育的不足，其根本目标就是要加强对学生的道德引领和道德培养，将以前的德育教育上升到思政教育的高度，切实地实现"德法兼修"的培养目标。

(二) 法学专业课程思政的紧迫性

笔者在长期的教学过程中发现，与"70 后""80 后"相比，普通高校的"95 后"到"00 后"的学生普遍存在一些共同的特点，如学习信息量大，思维更灵活，对社会的了解程度高于以前的学生，成功的欲望更强烈，等等。但是从另一个方面来看，很多学生学习目标不够明确，为国家、为社会做贡献的愿望明显减弱，绝大多数学生更关注个人价值和个人利益的实现；对国家的经济政策以及国内、国际政治形势不够关心；受西方思想的影响较大，对传统文化的批判度高于接受度，等等。

而法学专业学生除了上述特点外，还存在一些特殊的问题：第一，对我国目前的法律制度和法律职业的认可度不高，法律自信心、自豪感不足，对神圣法律的敬畏心明显不足；第二，对法律的意义理解得不全面，对法律的价值更多地理解为"为我服务"，而不是"为他人、为社会"服务，因此经常出现不当维权的情况；第三，专业辨识能力不足，不能很好地从专业角度看待问题，受非专业因素的影响较大。

例如，笔者在课堂上曾提问"如何看待现在社会中有很多人为了出名而不择手段？"有很大一部分学生认为，追求个人利益或实现个人目标是无可厚非的，其他人不该对其进行过多的干涉，即使对社会造成了一定的负面影响，只要不犯法，就应该被社会所容许。在个人追求和社会责任之间的关系上，"00后"的部分学生更强调的是个人利益，而非对社会的应尽责任，这正是北京大学钱理群教授所提出的"精致的利己主义"的倾向。①

之所以出现这些问题，笔者认为最根本的原因就是现在学校教育中传统伦理思想教育的缺失。虽然从小学到大学都在讲德育，但往往是形式化的，"务虚"多于"务实"，没有真正从中国的传统文化精髓中汲取能量，反而抛弃了很多优秀的伦理思想，如"礼""义""忠""诚""正义"等。这种缺失就使得我们的学生在面对西方文化的侵袭时，没有足够的自信、决心和能力来对抗。尤其对于法学专业学生来讲，如果只讲"个人"不讲"社会"，只讲"权利"不讲"责任"，只有绝对的"公平"观，而没有"正义"的"公平"理念，将会形成投机心理，在将来的工作中迟早会做出影响我国司法公正的行为。

学生在大学阶段将完成从学生到职业工作者的角色和心理的转变，也是"三观"形成的关键期。因此，在当前形势下，加强法学专业学生的思政教育已刻不容缓。

---

① "精致的利己主义者"是北大教授钱理群所形容的一群人，其原话为："我们的一些大学，正在培养一些'精致的利己主义者'，他们高智商，世俗，老到，善于表演，懂得配合，更善于利用体制达到自己的目的。这种人一旦掌握权力，比一般的贪官污吏危害更大。"

三、中国传统伦理思想融入法学专业课程思政的可行性

2015 年，齐鲁工业大学创新性地提出"德融课堂"的理念，即要求所有的课程都开展德育教育。笔者以及法学专业的很多教师在教学过程中也一直探索如何在法学专业课的教学中融入德育教育。但是以前的尝试是零散的，只针对个别课程，并且没有理论的支撑和引领。而"课程思政"概念的提出，既对法学专业的德育教育提出了要求，同时也指明了方向。但是思政课的内容融入法学专业课程还需要一个切入点，或者一套系统的思想体系，能适用于法学所有专业课程。在"法律伦理学"的教学过程中，笔者发现中国的很多优秀传统伦理思想与当代的价值观和法律理念是高度契合的。2014 年 10 月 13 日，习近平总书记在中共中央政治局第十八次集体学习会上的讲话中强调："我国古代主张民惟邦本、政得其民，礼法合治、德主刑辅，为政之要莫先于得人、治国先治吏，为政以德、正己修身，居安思危、改易更化，等等，这些都能给人们以重要启示。"

因此，笔者认为将中国传统伦理思想融入法学专业课是可行的，本文拟以儒家伦理思想为例，对此做简要分析。

(一) 儒家伦理思想的主要内容

先秦时期的儒家伦理思想以孔子为代表，他建立了以"仁"和"礼"为核心的伦理理论与道德准则，其中"仁"是内心的德行，"礼"则强调外在规范。孟子对孔子的伦理思想做了进一步的发挥和完善，提出了"四心"①，即"仁、义、礼、智"；"五伦"，即"忠、孝、悌、忍、善"。荀子主张"性恶""故圣人化性而起伪，伪起而生礼义，礼义生而制法度"②，即强调礼法并施。至秦汉时期，董仲舒强化了儒家的宗法思想，从中央集权的角度提出"大一统"的观点，主张国家治理应施行德政，并重申孟子的"无规矩不成方圆"思想，以"三纲""五常"约束人与人之间的关系。至宋明时期，不管是以朱熹、程颢、程颐为代表的程朱理学，还是以陆九渊、

---

① "四心"，即"恻隐之心""羞恶之心""辞让之心""是非之心"，出自《孟子·公孙丑上》。
② 出自《荀子·性恶》。

王阳明为代表的陆王理学，都强调"理"，主张"人伦者，天理也""宇宙便是吾心，吾心便是宇宙"①。概括来讲，儒家伦理思想的核心就是"仁爱""民本""诚信""正义""和合""大同"。②

(二) 儒家伦理思想与社会主义核心价值观的契合

社会主义核心价值观是社会主义核心价值体系的内核。习近平总书记多次强调，要以社会主义核心价值观引领大学生的思想。课程思政就是要在专业课的教学中，加强对学生的社会主义核心价值观的培育，帮助学生接受、认同核心价值观的内容、理念，并最终用于实践。

社会主义核心价值观与中华优秀传统文化相承接，其内容来源于中华优秀传统文化的丰厚滋养。习近平总书记在十八届中央政治局第十三次集体学习时的讲话中强调："培育和弘扬社会主义核心价值观必须立足中华优秀传统文化。牢固的核心价值观，都有其固有的根本。抛弃传统、丢掉根本，就等于割断了自己的精神命脉。对我们来说，博大精深的中华优秀传统文化是我们在世界文化激荡中站稳脚跟的根基。"

由此可见，作为中国传统文化的核心的儒家伦理思想，是涵养社会主义核心价值观的重要源泉。社会主义核心价值观正是对儒家伦理思想的批判继承和创新发展。无论在价值目标、价值取向上，还是行为准则上，儒家伦理思想与社会主义核心价值观都是高度契合的。

例如，在国家层面，《尚书·五子之歌》中提到"民惟邦本，本固邦宁"，《论语·为政篇》中提到"为政以德"，等等，这些体现了儒家"民本""民主""仁爱"的思想；《论语·颜渊》中提到"礼之用，和为贵"，《论语·子路》中提到"君子和而不同，小人同而不和"，《礼记·礼运》中所讲的"大道之行也，天下为公"的大同思想，这些为"和谐"的思想根源。在社会层面，《论语·卫灵公》中提到"己所不欲，勿施于人"，其基础就是人与人之间是平等的；在《论语·季氏第十六》中提

---

① 出自《陆九渊集》卷三十六，其本义指天理就在人心中，只有克服私欲，去除妨碍本心的物欲，才能成为圣贤。
② 习近平总书记在中共中央政治局第十三次集体学习时，把中华优秀传统文化的时代价值概括为"讲仁爱、重民本、守诚信、崇正义、尚和合、求大同"六个方面。

到"不患寡而患不均，不患贫而患不安"，讲的是孔子的公正观。在个人层面，在《论语·为政》中提到"人而无信，不知其可也"，在《论语·卫灵公》中提到"言忠信，行笃敬"，这些都强调"诚信"；在《论语·雍也》中提到"夫仁者，己欲立而立人，己欲达而达人"，则表达的是一种与人为善的友善观。可见，社会主义核心价值观的内容在儒家思想中几乎都可以找到根源。因此，对大学生进行儒家传统伦理思想教育与培养社会主义核心价值观的要求是并行不悖的。

(三) 儒家思想中的法治观可为现代法治所借鉴

人们通常认为在中国的传统文化中，儒家只讲人治，法家才讲法治。但实际上，这种认识是错误的。传统伦理思想中有大量的精华可为现代法治和法学教育所用。其中比较典型的就是"礼法合一"和"德主刑辅"。

第一，礼法合一。

"礼"原为祭祀的程序和礼仪，后发展为人与人之间的行为规范和普遍准则。儒家所讲的"礼"是以亲亲、尊尊为核心的宗法秩序，同时也具有广泛的内涵。《论语·颜渊》中提出"克己复礼为仁"，《孟子·告子上·鱼我所欲也》中提出"舍生而取义"。到秦汉时，一切修身、齐家、治国、平天下的内容均可纳入"礼"，"礼者，天地之序也"(出自《礼记·乐记》)。故而"礼"为立法之本，法据"礼"而制，目的在于维护"礼"的实施，将儒家的伦理原则和道德规范法律化。

古代儒家的礼法合一思想具有明显的封建局限性，尤其《论语·子路》中提出"父为子隐，子为父隐，直在其中矣"，这与现代法律理念和规定是明显不符的。但是不可否认的是，该思想对法律意义的界定有一定的合理性，即"礼"更强调内心的信念或道德约束，而法则主要是对违反"礼"的行为的制裁。正如费孝通先生在《乡土中国》中所讲的，刑罚的作用是保护个人的权利和社会的安全，民法的作用是厘定权利，目的不在教化人；人与人之间的关系更多的是靠"礼"来调节，"在乡土社会中，维持礼治秩序的理想手段是教化，而不是折狱"，在这一点上，"礼法合一"与"德主刑辅"如出一辙。

但是,"礼"本身也是一种社会公认的行为规范,在中国特定的社会环境和文化传统背景下,"礼"与"法"具有同一性,礼"是一种未成文的习惯法",成为传统规则,因而也就具有了法的意义和功能,所以中山大学马作武教授认为"引礼入法奠定中华法系基石"。"礼"与法的这种关系在现代法律中也有所体现,如"常回家看看",即是将中国传统孝的理念以法律的形式确定化。因此,在立法和执法时,必须考虑中国的社会实际,而不能单纯地移植或借鉴国外的法律规定。

第二,德主刑辅。

儒家德刑关系思想源于西周的"明德慎罚"[①],董仲舒提出了"任德教而不任刑"[②]的主张,《唐律疏议·名例》则说:"德礼为政教之本,刑罚为政教之用,犹昏晓阳秋相须而成者也。"现代学者常以"德主刑辅"来形容中国传统儒家思想中对道德与法律的关系,也有学者认为这是孔子"仁政"理念的体现,与孔子所主张的"宽以济猛,猛以济宽,政是以和"(出自《左传·昭公二十年》)共同构成了孔子的治国方略。也正是基于此,以梁启超为代表的近代思想家往往认为儒家伦理思想应"德治"而非"法治"。

事实上,道德与法律是相辅相成的,不应将二者割裂开或作为对立面来看待。儒家的德刑思想主张道德是法律的基础,强调把道德教化放在第一位,注重道德观念的塑造和法律意识的养成。正如孔子所提倡的"无讼",并不是主张大家不要打官司,而是强调通过道德规范约束人们的行为,让老百姓都自觉遵从礼法的规范,从而从根本上消除争讼的根源。所以,《论语·颜渊》中提出"听讼,吾犹人也,必也使无讼乎"。

从现代法治的角度来看,就要吸收儒家传统伦理中的"善治"思想,重视社会基本道德对法律的作用,以维护道德作为立法的根本目标,制定符合社会需要的"良法",并以法治的力量推进道德建设。对此,习近平总书记在中共中央政治局第三十次集体学习时的讲话中强调:"法律是准绳,任何时候都必须遵循;道德是基石,任何时候都不可忽视""把法治中国建设好,必须坚持依法治国和以德治国相结合,使

---

① 见"以至于帝乙,罔不明德慎罚",出自《尚书·多方》,以及"惟乃丕显考文王,克明德慎罚",出自《尚书·康诰》。
② 见"王者承天意以从事,故任德教而不任刑",出自《汉书·董仲舒传》卷五十六。

法治和德治在国家治理中相互补充、相互促进、相得益彰，推进国家治理体系和治理能力现代化"。

除了前述的儒家传统伦理思想外，道家的"道法自然"，讲求的是遵行自然规律，最终实现"天人合一"；法家的"以法治国""法不阿贵，绳不挠曲""刑过不避大臣，赏善不遗匹夫"（出自《韩非子·有度》），则体现了严格执法、司法公正的理念。这些思想在当代都具有重要的现实意义。

总之，中国的传统思想在去除封建专制的内容后，与当代的价值观、法治观是统一的，这为其融入现代的法学专业课提供了充分的理论基础。同时，这种融入也有现实基础。当代大学生虽然对传统伦理思想批判较多，但毕竟长期受该思想的浸染，因此从根本上对这些理念是在批判中接受的，只是基于其年龄的心理特点，求新求异，故也有为批判而批判的成分；此外，曾经对传统伦理思想作用的过分夸大和过分否定，都导致现有的传统伦理思想被曲解，也使得学生对其有抵触心理。因此，如果教师能在课堂教学中说明传统伦理观之本质，并通过多种方式进行道德渗透，对学生施以潜移默化的影响，最终定能以传统伦理思想为基础的社会主义核心价值观引领学生的思想，并树立制度自信和文化自信。

四、中国传统伦理思想融入法学专业课程思政的方法

(一) 指导原则——"三全原则"

2017 年 2 月 27 日，中共中央、国务院印发的《关于加强和改进新形势下高校思想政治工作的意见》指出，加强和改进高校思想政治工作的基本原则之一是要坚持"全员、全过程、全方位育人，把思想价值引领贯穿教育教学全过程和各环节"。

(二) 实施要求和目标

首先，根据"三全原则"的要求，所有专业教师应该先学习中国传统伦理思想，深入理解其内涵，并在工作中切身示范，认真践行伦理道德观；其次，所有课程都可以开展传统伦理思想的课程思政的研究，在教学中充分发挥传统伦理思想的作用，

让学生通过对传统伦理观的学习，加深对社会主义核心价值观和当代法治理念的理解；再次，除了教学之外，利用实习、实践环节强化学生的法治意识、社会责任意识等；最后，通过课外活动或网络等方式、途径，带领学生宣传传统伦理思想，让学生成为社会主义核心价值观的传播者，培养其荣誉感，提升其学习的积极性。

在将传统伦理思想融入法学专业课程思政的过程中，除了道德观、法治观的融入外，还应融入传统伦理思想中的方法，即修身，通过学思结合、"省察克治"(出自王阳明《传习录(上)》)等方法，修身养性，由内而外成为"君子"，最终形成具有丰富内在、德行合一的优秀品质。

(三) 具体实施

在将传统伦理思想融入法学专业课程教学中时，可借鉴学校"德融教学"的方法，在传授专业知识的同时，培养学生的道德观。这不仅不会耽误教学时间，反而会丰富专业课程的教学内容，提升课程的品质。在具体实施时，有以下几点需要注意。

(1) 在融入的内容上，要有所选择，突出重点。例如，在讲刑法时，重点介绍"德主刑辅""宽严相济"等伦理观，强调法律的教化作用；讲经济法时，重点阐述"诚信""义利"等伦理观，强调"君子爱财，取之道"，将"利"与"责任"相结合，突出社会责任；讲环境法时，将"天人合一""和合"思想融入课堂内容，强调注重生态环境保护，实现人与自然的和谐。

(2) 在融入的方法上，可形式多样。例如：阐释法。即在教学内容中涉及传统伦理思想或社会主义核心价值观时，要对其含义进行解释，以消除对其含义的误读，帮助学生正确理解和看待传统伦理思想。例如，在讲"春秋决狱""引经注律""亲亲得相首匿"等知识时，不能仅仅对其进行批判，而应阐释其背后的时代背景、社会经济背景等，分析其产生的原因，引导学生辩证地看问题。案例法。即在教学中通过引入经典案例或者热点案例，深入剖析其中的法理，强化学生的公平、正义的法律理念。对比法。即在介绍国外的立法状况时，尤其要注意分析对比中外的文化背景、现实条件等，引导学生正确看待我国与其他国家的法律差异，而不是一味盲目追求国外经验，并学会以发展的眼光看问题，树立起制度自信、文化自信。

参考文献

[1] 何忠国，兰文飞，林珊珊. 国家治理需要法律和道德协同发力[N]. 学习时报，2016-12-22.

[2] 朱莉. 先秦儒家思想对社会主义核心价值观的涵养作用研究[D]. 济南：山东大学，2015.

[3] 高琼. 核心价值观与优秀传统文化的深度契合[J]. 思想政治工作研究，2017(12)：39-40.

[4] 吕雯瑜. 社会主义核心价值观与儒家传统伦理思想的融通研究[D]. 吉首：吉首大学，2018.

[5] 田锦宗. 优秀儒家文化与社会主义核心价值观契合研究[D]. 昆明：大理大学，2017.

[6] 鲁娅蕊. 儒家文化与培育社会主义核心价值观的关系[J]. 决策探索，2019，4(下)：80-81.

[7] 戴木才，王艳玲. 中国传统核心价值观的源流发展及其启示[J]. 湖南师范大学社会科学学报，2019(4)：1-16.

[8] 张瑞雪. 秩序与人：先秦儒家法思想新论[D]. 西安：西北大学，2006.

[9] 俞荣根，彭彦华. "法治中国"与儒家思想：俞荣根先生访谈录[J]. 孔子研究，2015(2)：5-12.

[10] 尹茂国. 儒家思想与现代法学教育的人文契合[J]. 延边大学学报(社会科学版)，2016，49(3)：111-116.

[11] 刘观来. 儒家思想与法学教育[J]. 安徽科技学院学报，2016，30(4)：98-102.

[12] 查文静. 先秦儒家思想在大学德育中的应用探讨[D]. 昆明：云南大学，2018.

[13] 孙倩. 儒家教化思想对大学生社会主义核心价值观培育启示研究[D]. 秦皇岛：燕山大学，2017.

[14] 张鑫. 传统文化中"礼法合治"思想及现代转型研究[D]. 西安：陕西科技大学，

2019.

[15] 马岭. 寻找通道：在礼治与法治之间[J]. 学习与探索，2019(8)：95-101.

[16] 马作武. 引礼入法奠定中华法系基石[N]. 光明日报，2017-02-18.

[17] 江畅. 中国传统价值观的人治德治礼治法治考论[J]. 江苏行政学院学报，2019(1)：13-20.

[18] 罗薇. "课程思政"：高校思政教育改革新视角[J]. 大庆社会科学，2018(6):37-40.

[19] 李德嘉. "德主刑辅"说的学说史考察[J]. 政法论丛，2018(2)：153-160.

[20] 张颖. 中国古代"德主刑辅"治理及其现代启示[J]. 湖南科技学院学报，2019，39(8)：115-116.

[21] 钱锦宇. 儒家文化与法学"中国化"[J]. 西北大学学报，2012，42(6)：58-62.

[22] 张欢. 浅析高校思想政治教育中儒家思想的应用[J]. 青春岁月，2016(16)：214.

[22] 沃耘. 高校法学"课程思政"教育教学改革路径与对策[N]. 天津日报，2019-03-04.

[24] 文琴芬. 法学专业教育中融入思想政治教育的途径研究[J]. 法制博览，2019，19(上)：278-279.

[25] 张峥. 思想政治教育渗透法学本科教学的路径研究[J]. 智库时代，2018(40)：20-21.

课程思政改进路径与学科本土化诠释

——以公共管理伦理学为例

曲承乐

(齐鲁工业大学 政法学院 济南 250353)

摘要：课程思政与思政课程之间的协同效应并不局限于思政内容本身，更反映在思政内容的专业学术价值和对本土社会科学学科体系建设的贡献上。笔者以所讲授的公共管理伦理学课程为例，采用教材文献分析与公开性参与式观察的方法，试图通过公共管理伦理学学科本土化诠释来改进课程思政工作中出现的问题，讨论课程思政内容在专业学科发展方面的积极作用，并在此基础上指出显性课程思政教育的隐性改进路径。

关键词：课程思政 思政课程 公共伦理学 学科本土化

一、引言

改革开放以来，我国逐步恢复与重建了以往忽视的部分社会科学学科。出于"赶快补课"的需要，绝大多数学科在实施"拿来主义"的过程中，均表现出"突出的学习特征和开放特征"，基本概念、理论体系、研究主题与方法的"舶来品"色彩非常浓厚。近年来，随着我国综合国力的提升，国际形势发生了巨大的变化，社会科学学科研究人员在继续与西方交流学习的同时，也纷纷开始反思西方学科中概念的本土适应问题，用中国理念、中国实践丰富学科内容逐渐成为各后起学科的共识。然而，这一本土化进程并没有在专业基础教育环节中得到体现，通过介绍西方范式、运用西方主流理论与研究路径来解释中国问题、研究中国变迁，依旧是当前多数专业教科书的主要内容。尽管为了改变单一性的知识体系，教师会将本土案例与实践纳入教学过程，但多数情况下，教学课堂并未摆脱"西方理论试验场"的状态。课程思政教学也存在教科书照搬思政课程、"小课堂与大课堂分离"的情况。这导致学生将老师的"教"视为填鸭式的"说教"，并且容易将我们自己的本土"研究"视作个别西方所谓"先进"理论的注脚。本文以公共管理伦理学为切入点，讨论专业主干课程如何在显性课程中诠释本土化内容，如何改进隐性课程中的思政学习路径，推动学生更好地理解范式概念，提升专业知识素养，增强对中国特色社会主义的信心。

关于专业教育课程思政协同效应的研究主要包括以下几类。第一类研究关注在学科本土化背景下，思政内容作为显性课程如何融入学术体系的理论话语问题。从中共中央、国务院印发《关于进一步加强和改进大学生思想政治教育的意见》开始，随着国家越发重视面向当代大学生的思政课程，不少研究讨论了显性思政课程设置的必要性与课程内容、技术及效率、人员供给等方面的内容。第二类研究则主要从教学案例本土化诠释的角度，讨论情境性因素在提高课程思政性方面的作用。这类研究强调，由于思政课程在科目与总学时上都无法与专业主干课程相比，思政教育要想提高针对性，就必须依赖其他课程思政性内容的积极配合，形成双焦点格局。思政课程与课程思政所构建起的协同育人机制，有利于提高思政教育的亲和力。突出本土议题的案例教学法一直被当作提高课程思政性的重要载体，通过因地制宜的教学过程、典型妥帖的教学案例，来增强和保障课程的思政性。还有一类研究则主要考查学生需求对思政教学的影响。这类研究强调，要实现思政教育的落地，除教学端的主动改进之外，还要撬动学生的内在需求，在课程协同的同时，做好主体协同，以唤醒和激发学生在思政教育方面的主体性。主体本土性需求的提升，将促使教师对课程内容进行重新梳理与设计。

上述研究为推动专业教育课程思政协同效应研究提供了诸多启示，但依旧存在进一步探讨的空间。从实践来看，思政教育总体上还是多以单独的显性课程、专业课程的情境性因素出现，作为专业课程隐性内容的思政协同效应仍旧较低，组织与实施的机制也尚未明确。从理论上看，目前的研究更加强调思政内容之间的协同效应，而较少考虑思政内容在完善社会科学专业课程体系、推动学科发展方面的作用。部分研究缺乏学科定位，只是僵化地理解思政内容，从而忽视了研究本应具有的学术价值与对学科体系建设的贡献。思政研究在与西方学界交流时，未能做到科学对话，未能讲好中国故事、中国经验。一些研究成果发表在国外药理学、免疫学、神经学期刊上，讨论的内容并不是相关领域内思政教育的作用，也不是思政内容对该领域的贡献，对学科体系的建设无所裨益。不同于上述研究，本文讨论的是思政教育内容在专业学科发展方面的积极作用。本文以笔者所讲授的公共管理伦理学课程为例，采用教材文献分析与公开性参与式观察的方法，探讨课程思政发挥协同效应的有效方式，以及本土思政内容对完善整个学科发展的贡献。

二、专业课堂思政显性课程的尴尬

公共管理伦理学以公共管理主体及其成员在处理公共事务中所应遵循的道德规律为主要研究内容，作为一门交叉性、应用性学科，其形成于 20 世纪 70 年代中期的美国。它的出现，与西方政府公共管理职能扩大、公共管理主体多元化及以法律约束为基础的权力外部控制系统的局限性显现密切相关。20 世纪 90 年代，该学科引入我国，并随着 MPA 教育的开展，逐步成为我国公共管理专业的主干课程。由于学界已认识到对管理体制、机制的研究需要尊重管理对象及其所处的历史文化环境，所以多数教科书会在前言部分说明其框架在借鉴国外理论的基础上，结合了中国的传统因素与实践因素。但是，从理论、方法与具体社会情境相结合的角度来看，当前公共管理伦理学的教科书体系与课程设置依然存在缺陷。显性课程中对西方原典与中国实践认识上的差异，直接影响我国公共管理储备人才对东西方公共管理活动优劣的评价，并使其难以在我国公共管理实务方面产生共鸣。

(一) 学科范式建构存在厚古薄今的时空错位，忽视思政工作在社会转型中的既有作用

多部主流教科书通过阐述东西方社会在文明起源与历史发展轨迹上的差异，来呈现学科体例的中国特色，创建研究的本土范式。为此，体例的编排往往从三千年前的周朝开始追溯中国学科流变的历史，重在论述传统代表人物观点和传统伦理规范，并没有将其融入逻辑体例，本土范式构建的部分在教科书中体现为明显的前后失联，内容难以纳入规范的学科分支，显得孤零单薄。这种编排方式是存在局限性的。它只能让学生对中国古代伦理学的建树有模糊的印象，而非具体的、清晰的印象。这些内容最终只能沦为正式课程中的"陪跑者"，孔孟也变成了"最熟悉"的陌生人。

中国固然拥有自己独特的历史文化、认知传统与管理实践，但这些并不都是可以用来作为完善学科体系的内容。本土范式能否得到学界认可，关键需要历史证据与逻辑推理的完美结合。传统西方学者认为，包括我国在内的社会主义国家社会意识与社会结构的改变，是强权控制的胜利，公众一旦脱离这个场域，相应地就会失去对此意识形态的认同感。但是，越来越多的研究指出，这种西方本位主义的论断缺乏足够的事实证据，比如，当代中国留学生的民族认同感、爱国热情并没有因海外学习经历受到影响。然而，公共管理伦理学研究范式的本土化水平与中国当前的公共管理水平之间并不匹配。个别教科书虽然认识到应以马克思主义为指导，在表述上直接借用思政课程的内容，并没有采用马克思主义的方法，从科学、规范的学科视角，呈现中国经验，分享中国解决实际问题的路径。这种将课程思政转为思政课程的做法，未能呈现出思政内容在专业学科方面的解释力，以致让学生们感受不到马克思主义与中国特色社会主义理论的学术魅力，导致马克思主义与专业学科领域相互脱离。

(二) 教材照搬西方框架，忽视公共管理道德属性与体系形成的社会差异

出于"补课"的实际需要，诞生之初的公共管理学科教材在编写过程中多照搬

了当时相对成熟与完整的西方专业课程体系。这可以帮助学界有效避免因概念模糊而出现理论理解偏差、学术对话困难等问题，对于缺少基本学科概念的新兴学科发展十分必要。但是，在单一课程、学科引进的过程中，由于受到选用教科书的限制，编者们常常会忽略社会背景因素在学科出现及其流变中的作用。比如，多数公共管理伦理学的教科书，在引进西方管理伦理原则的同时，忽视了伦理原则形成的根源性探究与解释过程，也没有注意到在引进时已经出现的外源性道德原则在被动强加与主动模仿过程中形成管理伦理困境方面的研究。这些内容之所以没有直接出现在西方公共管理伦理学的教科书中，不仅仅是因为专业教材的容量限制，更重要的原因在于通识教育与专业学科课程之间的协同作用使其并不需要出现在单一学科的教科书中。尽管在全国首届公共管理理论与教学研讨会上，与会学者们意识到引进西方理论要注意全面性，以避免对国内产生误导，但从教科书的编排和内容上来看，这种全面性也仅仅是体现为多种西方理论的介绍，而未能体现出科学意义上的比较研究视角。由于缺乏对西方现代社会起源、思想演进路径、民族国家形成等方面的介绍，学生很难清楚地认识到管理伦理原则分野的真正原因，进而形成西方公共管理理论是一种先天自洽的无争议的理论的认识，中国公共管理实践成为检验西方各个理论的试验场。

尽管公共管理伦理学研究的是比具体公共政策、管理制度、体制更具持久性的价值观与美德问题，但当其作为公共管理专业的主干课程，而非伦理学的应用课程时，对公共管理伦理范畴、标准和权利实现问题的讨论不应局限于脱离具体时空背景的抽象层面。各项伦理原则固然有其相当的历史积淀和存在的合理性缘由，全球规定的公共伦理观起源于并且适合于西方社会，但是，西方发达国家的公共伦理观与非西方发展中国家的公共伦理观之间仍然存在较大差异。对于专业主干课程而言，指导学生树立起理论联系实际、从实践中寻找理论对话的意识，要比应然性灌输更为重要。部分教材在讨论基本原则、主要范畴时，往往片面重视对西方哲学史伦理理论的介绍，反而忽视了柏拉图、亚里士多德、康德、罗尔斯等哲学家公民、公务人员及政权观点形成的社会基础，因而无助于增进学生对专业背景知识的理解深度，学生在转译的过程中还可能误将当前西方世界构想成奉行绝对民主自由的美好之地。部分教科书试图通过展示西方资产阶级革命时期具有代表性思想家的观点，向学生普及当代西方民主与现代概念的产生过程，却忽视了马克思在西方学术思想史中的重要地位。

(三) 课程本土化议题的原创性不足，忽视合理性论证

作为一门交叉学科，公共管理伦理课程对教科书的编写者提出了非常丰富的知识储备要求，但从教科书文本来看，编著者的知识结构与学科背景往往成为限制学科理论交互性发挥的主要因素，表现出不同学科不同内容比例失衡的情况。为了弥补教科书理论方面的缺憾，案例教学便成为达成教学目标的重要方法。本土化的案例更具真实性和代入感，因此，课程对本土议题的选用非常普遍。但是，由于典型案例的选用往往要与对应的理论知识有直接联系，因此，在公共管理伦理学科的案例教学过程中，本土化的案例基本上也是用西方理论的分析路径来进行解释的。案例重视突出问题的现实表现，而忽视了对本土公共政策形成、公共伦理价值形成的合理性解释，注重灌输各种各样的可替代结果，而忽视了帮助学生树立选择思维。

当前的公共管理伦理在本土议题的选用上陷入了一种尴尬的境地。研究者尽管意识到公共管理伦理学科建设和国家发展的命运紧密相连，但在案例教学中，一旦引入案例，便会在论证过程中，通过西方理论分析路径来曲解政府公共管理的不足，不采用案例，则完全变成西方理论的说教，学生更易形成西方管理思想与实践更为先进的认识。案例教学往往侧重问题的描述与呈现，而忽视了向学生阐明在市场经济高效配置和福利经济学公共社会责任的要求下，个体利益与公共利益的困境是全球普遍存在的问题，并非中国独有。尽管对制度合理性的诘问是现代人公民意识与公共精神日益增长的重要标志，但案例教学往往过于重视用西方视角解释本土问题，忽视了东西方公共管理实践的历史延续性。事实上，对于个人责任或者社会责任的强调是一种规范意义上的决策，它取决于当时当地占据统治地位的道德观念，既有的管理模式和价值伦理在特定时期也曾发挥过非常重要的作用。案例教学缺乏制度、文化及实践的总结，没能做到以本土实践为依托的学术对话。

(四) 学科交互性不足，重复思政课程内容而忽视潜在的协同效应

部分公共管理伦理学教科书在编排体例和内容安排上表现出明显的哲学化倾向，但公共管理伦理学作为一门应用学科，其学科的定位并不在于寻求永恒性的范式，而在于课程的实践价值、指导意义。当前我国公共伦理学科发展中存在一些问题，如身份归属不明，学科身份危机，问题意识不强，等等。这在很大程度上与伦理学学科思想固化，政治学、社会学、经济学等多学科交互的内涵发挥不出来有很大关系。研究者从固有的学科视角定义研究对象、寻找研究问题，导致学科发展很难有新的突破。当然，这也不是中国公共管理伦理学独有的问题。

公共管理伦理主要分为公共管理组织伦理与公务人员伦理两个部分。其中关于管理价值观和美德的内容与思政的导向和功能之间有非常密切的关系，这本是公共管理伦理学课程与思政课程发挥协同作用的重要优势。但是，目前的多数教科书并没有体现出协同效应的深度。课程思政存在简单重复思政课程内容的现象。比如，在归纳公共管理主体的道德伦理时，只是论述了"政治坚定""勤政为民""依法行政""清正廉洁""团结协作"等原则规范的具体要求，而没有结合专业课程的研究对象进行深入探讨分析，也没有基于本土实践总结当代中国马克思主义本土化在此方面的努力和成就及其与中国发展之间的关系，因而也就很难发挥马克思主义在专业学科领域的指导意义。

三、学科本土化对课程思政隐性设计的积极意义

长期以来，西方在爱国主义教育、思想政治教育、社会行为与道德标准的认识方面存在双重标准，这种逻辑具有明显的自我本位主义错误，但也必须意识到部分课程思政在设计上确实存在显性内容重复、形式单一、协同失当等问题，进而导致学生出现抵触情绪。西方专业课程在意识形态教育和身份认同教育方面往往倾向于通过隐性课程的方式实现，即通过隐性课程设计将思政内容内化到专业学科之中。这一点非常值得我们在实现学科本土化和发挥课程思政协同效应时借鉴。

（一）课程思政可以通过丰富公共管理伦理学科体系实现

在和平稳定的现代社会，管制型政府和全能型政府逐渐退出了历史舞台，政府角色开始重新定位，但这并非历史上的管理工作存在伦理偏差。中华人民共和国成立初期面对西方国家的封锁、禁运和连年战争造成的一穷二白的国内现实，建立新制度、新秩序、新社会的强烈忧患意识和危机意识贯穿了新中国的政府管理工作。土地改革、"三反"、"五反"、镇压反革命、社会主义改造等一系列社会革命，从顶层设计到督促落实，都体现着资源稀缺的忧患意识和落后就要挨打的切肤之痛。若没有这种意识，触及深层次利益格局的调整和制度体系的变革也不可能实现。当前，随着物质资料日趋丰富，东西方差距缩小，我国的公共管理伦理原则也在逐渐演变。

公共政策不是一套静态的规章制度，但其仍具有相当的稳定性。对于稳定完美状态的追求，需要某种形式的伦理基础。公共管理伦理在实践中通常包含意识形态、伦理价值观和管理主体美德等多方面的内容。我国建成门类齐全、独立完整的工业体系，科教文卫事业跃居世界前列，中国的 GDP 总量由 1978 年的 3678.7 亿元增长到 2020 年的 101.6 万亿元，经济结构调整和转型升级、生态环境治理、社会保障体系完善等根本性改革重大工作，都与强烈的忧患意识和危机意识的延续密不可分。

为了突出公共伦理学的本土特征，研究往往从人性本源善恶这一话题入手，但其实这是一个没有尽头和标准答案的话题。学科体系的丰富和本土范式的建构并不能以此为基础。在传统社会，中国有着与自己价值观相适应的管理制度和管理伦理，尽管近代以来在面对西方文明的过程中，传统中华文化一度处于被动位置，我们自己也曾一度将汉字视作中国落后挨打的原因，但实践证明，传统文化绝非中国现代化发展的主要障碍。但是，在专业学科与传统文化的融合方面不能偏激，也不能停留在表面，而必须在学科建设和改革的过程中为其找到合理的支点，将传统文化思想精粹真正渗透到公共管理学科教学改革中。

中国历来将管理伦理的重点放在人的身上，由于不会把组织当作独立的个体，因而很少考虑各类组织的主体伦理。"修齐治平"的理想秩序就反映着我国传统公共管理伦理不同于西方的建构方式。通过对诸如"二桃杀三士"等传统社会秩序、社会规则细节的认识，便可以找到其在当前规则中的影子，进而对当前文明、公共管理的理解更有启发性。公共管理伦理学应当通过思政将个人美德带回公共管理的构建与分析之中。这也与思政教育"培养什么人、怎样培养人、为谁培养人"这一根本问题有着密切的联系，将中国公共管理伦理实践中的修身内容、压力因素纳入学科研究对象确立、逻辑体系架构、具体内容表述中，以此来建构新时代中国特色的公共管理伦理学，进而实现课程思政的协同效应。

(二) 课程思政可以通过丰富本土议题解释路径实现

公共管理伦理学理应从中国本土角度去总结制度文化与管理实践中的基础原则、理性向度和学理逻辑。案例的选择与设计不应局限于特定社会问题的描述和抽象伦理原则的应用，而应该通过过渡环节、情境性因素的配合，将特定的社会问题与更为明确的社会背景因素紧密相连。目前，案例教学只是实现了议题的本土化，而缺乏将西方概念、理论与具体社会情境结合的比较研究视角。伦理不仅仅需要和平时期的建构，还需要危机时刻的反思。政府组织方式无论是霍布斯式的，还是卢梭式的，是基于制度的，还是偏重人情面子的，本身并不影响公共管理伦理原则的共同性形成。

(三) 课程思政可以通过弥补实证研究方法的局限性实现

公共伦理研究不仅是一种价值研究，也是对道德调控的实践研究。从整个公共管理伦理学界研究来看，其研究的是政府如何试图增加收入、公共支出以影响国内经济，公共预算如何制定，道德的公务人员如何行使预算自由裁量权。关于公务人员伦理研究，既有考察领导者行为与形式伦理规范在行为塑造中的交叉方式的研究，又有公共服务动机和道德行为之间关系的研究，也有大量实证研究。实证研究已经成为学科的主流范式。关于公共管理道德标准的研究越来越聚焦在通过实证方法强调行为人品质的美德伦理、强调行为内在价值的道义伦理及重视行为后果的后果伦理上。但是，实证研究常常脱离社会情境，在主观分析方面无法做到公平公正，基于实证研究不能保证决策符合大多数人的利益，实证研究无法做出溯源解释。实证研究的内容常常忽视价值内容，而只将公共伦理视为一种管理技术。将每项政策都通过消费理性和成本收益分析进行计量，这本身就是有问题的，所以公共管理伦理学就显得非常重要。

当代西方的道德研究主要表现在历史维度与人道维度的对立，而解决历史维度与人道维度的对立正是马克思伦理观的核心任务。课程思政的角度凸显主观研究的价值，弥补实证研究方法的局限性，增加起源的辩证分析，提高理论深度与分类精度。这对当代伦理学理论的发展起到重大的推动作用，可以为公共管理伦理学的观点纷争提供一种方法论。公共管理伦理其实可以成为考察公共政策及公共管理的前置性指标。

公共管理不可避免地需要考虑个人利益在所谓价值中立的各种公共政策中的影响。任何公共管理问题分析的框架必须意识到个人和公共的利益，以及它们如何影响决策的伦理基础。伦理研究和伦理原则实践应该是任何公共管理发展过程中的一个主要考虑因素。个人或团体在公共管理领域有所作为的能力是社会内部权力分配的结果。话语理论作为一种可能的全球方法论，可以为公共伦理原则达成共识、实现更好的管理奠定基础。通过相互交换意见，了解不同需求，然后以经验验证事实，形成更为系统的可接受的制度安排。公共伦理学对公共管理问题的解决方案更加强调主观性，即政策把关人、公共政策的倡导者和执行者与受众之间的关系。有效的公共管理政策需要发展广泛的、伦理的原则，涉及辩论和话语的行为，社会接受容忍、平等的基本理性价值观等。

(四) 课程思政可以通过增加学科交互内容，提高协同效应的方式实现

每项伦理原则的诞生，都经历了长期的历史积淀。但这种历史积淀形成的原则在时空的作用下就会变得模糊，学生在教材中能够接触到最基本的哲学层次思考，但由于存在认知断层，这种填鸭式灌输的效果不佳。公共管理伦理学在引进元伦理学内容时，除介绍基本的道德伦理目标之外，还应当就道德原则的起源进行辩证分析，并确认其有效性。作为一门应用学科，公共伦理学还应该对人类在不同社会一定时期所遵守道德标准的具体情形的事实加以陈述与分析，以反映公共管理伦理基

本原则在实践中的组合变化情况。这都需要思政课程和其他学科知识的配合。

作为政治学、社会学、公共管理学、伦理学等多学科交叉的学科，公共管理伦理学学科体例不能仅仅局限于编者的学科或编者所欣赏的西方叙事结构，也不能将别的学科的内容不加重构地搬到公共管理伦理学之中。与研究问题没有深度融合在一起的照搬照抄会在体例上显示出明显的拼接痕迹，对研究对象的理解也就容易变得比较宽泛，这无助于学科体系的成熟。另一方面，课程思政应当摆脱单纯以显性思政内容、显性课程教学的方式，照搬思政课程内容，这样做，容易造成课程的固化思维或教条说教。事实上，固化思维绝不是思政内容的题中之义，辩证唯物主义、历史唯物主义与马克思主义政治经济学为各门学科的发展提供了锐利的思想武器。其有效运用有助于学生对专业方面的创新理解，能够使学生更为客观地理解中国当前正在发生的诸多变化。公共管理伦理学课程应当与中国特色社会主义理论和实践发展新境界、优秀传统文化、革命文化、社会主义先进文化等互相配合融合，创建基于发展中国家实践的公共管理伦理理论体系，为人类认识世界、改造世界贡献更具科学性与包容性的"中国智慧和中国方案"。这种协同效应一旦实现，学科本土化、课程思政自然就会拥有专业的灵魂，课程思政所具有的作用便会充分显现。

四、结语

僵化地理解中国传统、中国经验，无助于公共管理伦理学学科体系的建设，相应地，学生在理解中国特色、树立四个自信方面也就可能会出现偏差。当代中国的公共管理伦理学研究需要明确本土研究的独特场域与理论焦点，思政内容是场域形成、实践变化、公务人员职业伦理的重要影响因素，通过对思政内容在公共管理实践中地位和作用的探索，可以弥补既有公共伦理原则在当前适用性与解释力不足的问题。思政内容可以在解释与例证意义方面发挥更大的作用，通过对中国管理伦理思想史的探讨，对传统文化中的管理伦理内容做进一步的梳理，使优秀传统伦理在新时代实现创造性转化和创新性发展，同时有助于公共管理伦理学学科体系的丰富与完善。

参考文献

[1] 邓小平. 邓小平文选：第二卷[M]. 北京：人民出版社，1994.

[2] 李强. 改革开放 40 年与中国社会学的本土化、发展及创新[J]. 社会科学战线，
     2018(6).

[3] 陈振明. 中国公共管理学 40 年:创建一个中国特色世界一流的公共管理学科[J].
     国家行政学院学报，2018(4).

[4] 袁祖社，董辉. 公共伦理学[M]. 西安：陕西师范大学出版社，2018.

[5] 本报评论员. 理直气壮开好思政课[N]. 光明日报，2019-03-20.

[6] LI MAOSEN. Changing ideological-political orientations in Chinese moral
     education: some personal and professional reflections[J]. Journal of Moral
     Education，2011，40(3)SI.

[7] 张屹，寇洪丽. 关于建设高校思政课数字化资源库的思考[J]. 高等教育研究，
     2008(10).

[8] 教育部思想政治工作司. 大学生思想政治教育研究方法[M]. 北京：高等教育出
     版社，2010.

[9] 林滨，黄晓星. 理论逻辑、认知逻辑与生活逻辑的三维一体：中山大学博士生
     思政课教学改革研究[J]. 教育研究，2011(10).

[10] 邹礼玉. 高校思想政治理论课教师队伍建设的新思路[M]. 北京：光明日报出版
     社，2013.

[11] 董方侠，金树，潘亿生. 大学生思政课实践教学探索[M]. 长沙：中南大学出版
     社，2016.

[12] WANG HENGBING. The Mechanism of Ideological-Political Education Exchange
     and Sharing Platform in Colleges Under the New Media Era Based on Internet WEB
     Technology[J]. Revista de Cercetare si Interventie Sociala，2018(63)：85-104.

[13] 吴满意，王丽鸽. 从精准到智慧：思想政治教育创新发展的根本态势分析[J].
     马克思主义与现实，2019(4).

[14] 肖香龙. 思政课与其他课程须建立协同育人机制[J]. 中国高等教育，2017(23).

[15] 罗德明. 高校思政教育"双焦点格局"的形成及其意涵[J]. 国家教育行政学院学报，2019(7).

[16] 石丽艳. 关于构建高校课程思政协同育人机制的思考[J]. 学校党建与思想教育，2018(10).

[17] 史宏波. 理论联系实际在高校思想政治理论课教学中存在的问题及对策[J]. 思想理论教育导刊，2018(10).

[18] 徐岩，周旋. 以主体协同提升高校思政工作实效[J]. 人民论坛，2019(9).

[19] 马俊平. 高校思想政治教育和创新创业教育协同育人研究[M]. 北京：中国水利水电出版社，2018.

[20] 韩光道. 思政课学生主体实践性教学研究[M]. 武汉：华中科技大学出版社，2014.

[21] 马健生，滕珺，张磊. 当前我国高校学生事务管理问题的成因调查[J]. 高等教育研究，2009(5).

[22] 高力. 公共伦理学[M]. 4版. 北京：高等教育出版社，2018.

[23] 冯益谦. 公共伦理学[M]. 广州：华南理工大学出版社，2010.

[24] COOPER, T. L. Big questions in administrative ethics: a need for focused, collaborative effort[J]. Public Administration Review，2004(64): 395-407.

[25] 汪辉勇. 行政伦理学概论[M]. 北京：北京大学出版社，2018.

[26] KAI ZHAO. Made in contemporary China: exploring the national identity of Chinese international undergraduate students in the US[J], Studies in Higher Education. 2019.

[27] 帅学明. 全国首届公共管理理论与教学研讨会综述[J]. 中国行政管理，2002(3).

[28] HAQUE, M. S. Revisiting the new public management[J]. Public Administration Review, 2007 (1)：179-182.

[29] HAQUE, M. S. The contextless nature of public administration in Third World Countries[J]. International Review of Administrative Sciences, 1996, 62(3)：315-329.

[30] UNITED NATIONS DEVELOPMENT PROGRAMME. Public service ethics in Africa[M]. NY: United Nations，2001(1).

[31] HAIMES，E. What can the social sciences contribute to the study of ethics? theoretical empirical and substantive considerations[J]. Bioethics，2002，16(2): 89-113.

[32] HELLSTEN，S.，LARBI，G. A. Public good or private good? The paradox of public and private ethics in the context of developing countries[J]. Public Administration & Development，2006，26(2)：135-145.

[33] FUCHS，V. R. Who shall live? Health, Economics, and Social Choice[M]. 2nd ed. Hackensack.NY：World Scientific Pub Co Inc，2012.

[34] CHANDLER，J. A. Public Policy and Private Interest: Ideas，Self-Interest and Ethics in Public Policy [M]. London：Routledge，2017.

[35] GIL Hizi. Speaking the China Dream: self-realization and nationalism in China's public-speaking shows[J]，Continuum，2019，33(1)：37-50.

[36] PAVLICK，J. Reproducing patriotism: an exploration of 'freedom' in US history textbooks[J]. Discourse & Society，2019，30(5)：482-502.

[37] MARTINEZ，J. M，RICHARDSON, W.D. Administrative Ethics in the Twenty-First Century[M]. New York：Peter Lang Publishing，2008.

[38] 新华网.习近平主持召开学校思想政治理论课教师座谈会[EB/OL]. [2019-03-19]. http://picture. youth.cn/qtdb/201903/t20190319_11900180_1.htm.

[39] 马亮，朱巍. 公共管理研究如何"接地气"[N]. 中国社会科学报，2016 -11-23.

[40] Wright，Bradley & Hassan，Shahidul & Park，Jongsoo. Does a public service ethic encourage ethical behaviour? Public service motivation, ethical leadership and the willingness to report ethical problems[J]. Public Administration，2016(94).

[41] Downe，J.，Cowell，R.，Morgan, K. What determines ethical behavior in public organizations: is it rules or leadership? [J]. Public Administration Review，2016(76)：898-909.

[42] 米歇尔·S. 德·弗里斯，金判锡. 公共行政中的价值观与美德：比较研究视角 [M]. 熊缨，耿小平，等，译. 北京：中国人民大学出版社，2014.

[43] 曲红梅. 当代中国马克思主义伦理学研究的核心问题[N]. 光明日报，2018-09-10.

[44] 特里·L. 库珀. 行政伦理学：实现行政责任的途径[M]. 4 版. 北京：中国人民大学出版社，2001.

具身认知视域下高校课程思政的实施路径分析

赵冬梅

(齐鲁工业大学 政法学院 济南 250353)

摘要： 具身认知是现今国内外认知领域的研究热点，而课程思政又是当前中国高等教育的研究热点。本研究从具身认知角度思考课程思政的教学实施，认为高等教育的课程思政教学应从具身认知获得启发，改变现有课程思政教学中的教学理念、教学原则及教学设计。文章最后对课程思政实施过程中的环境要素提出了意见和建议。

关键词： 具身认知 课程思政 具身教学

一、"课程思政"的缘起与现状

2016 年 12 月，在全国高校思想政治工作会议上，习近平总书记对高校思想政治工作提出了明确的要求，他提出教师必须要正确引导学生的世界观、人生观与价值观，而学生必须要牢牢树立共产主义理想，牢记历史使命，为社会和人民做贡献。2018 年 5 月，习近平总书记在北京大学师生座谈会上进一步指出，"人才培养体系涉及学科体系、教学体系、教材体系、管理体系等，而贯通其中的是思想政治工作体系。"目前，国内高校已陆续开展课程思政的教学改革。

"课程思政"并不是指某一门课程，而是一门课拥有的思想政治教育功能。郭杰忠认为，每一门课程至少有三个方面的功能：第一个是知识的功能，第二个是方法的功能，第三个是德育的功能。而课程思政便体现出课程的德育功能。晁玉方也提到中国教育在德育方面的功能应该加强。[①]

笔者认为，"课程思政"的设计体现了人与环境之间的开放性原则，从教学的整体环境建设上对专业教师在课堂上的讲授提出了思想价值观的规范性要求。而这种从情景与环境建设角度进行的教学恰与国内外的具身认知研究的观点不谋而合。

二、"课程思政"实施中具身认知分析的意义

具身认知(embodied cognition)是当下国内外认知领域的研究前沿，它强调身体在认知过程中发挥着关键作用，认为认知是通过身体结构、活动方式及其与环境的互动体验而形成的。同时，对于较抽象的概念、信息等的理解，也能通过对活动经验信息的反身抽象促进认知水平的提升；依托大量的活动经验，在表象联想的基础上，形成对它们的各种可能性组合，实现新的建构和创造。这一系列认知过程集中表达了身体、大脑、情境作为认知的动态统一体，耦合生成、涌现认知成果的动态相互作用机制，具身认知的三个显著特征(即具身性、情境性与生成性)得以具体体现。

具身认知目前已在认知心理、社会认知、情绪与行为、态度等多研究领域获得丰富的实验结果，因篇幅所限，本文对具身实验的结论不一一列举。从具身认知角度对"课程思政"的德融教学进行剖析，不但能够站在理论高度重新认识德融教学，而且更能利用现有的实验结论帮助高校高质有效地达成课程思政的目的。

结合具身认知的观点，"课程思政"的本质与意义在于，在教育工作者有意识的德育教育引导下，通过参与或者创设教育情景，在个体与认知环境互相作用的基础上，师生结合具身感受与经验，逐步生成、涌现或转化的个人履历或自我实现，以及实现培养的社会主义合格建设者和可靠接班人的意志。

---

① 郭杰忠. "课程思政"教学改革的三点思考[J]. 南昌航空大学学报(社会科学版)，2019(6).

三、具身认知下课程思政的实施

具身认知为"课程思政"的德融教学带来了多方面的变化。首先，教育教学理念的变化——具身化教学。受传统的身心二元论的影响，高等教育包括课程思政教学，普遍存在将知识作为现成的、确定的、间接的客观存在直接灌输给学习者。相比较而言，具身学习理论强调身心一元论，重视学习者的身体感受。其次，强调具身的教学原则。即学习者身体认知是一种源于身体感觉运动系统和身体物理属性的独特的身体体验；引发身体体验，完成身体与环境的互动与体验，最终影响和决定个体的认知；以及注重交互过程的动态生成性，完成树德立人的教育目标。具身认知下"课程思政"的实施，可以从以下几个方面进行落实。

(一) 德融教学内容尽量实现具身化

以意大利科学家贾科莫·里佐拉蒂(Giacomo Rizzolatti)为首的团队于 20 世纪末发现了镜像神经元，为认知的具身性提供了生物学的证据。认知中的身体属性，证明身心从本元上是存在统一性的。实验心理学中很多实验同样证明了人的身体及其运动状态在认知和情感中的重要作用，由此可知，感觉和运动经验构成了心理概念的神经基础。具身认知理论提示我们，认知研究应是一个具备实体的研究过程，也就是身体必然会参与在认知过程中，"身体在成为身体之时就具有心理，进而使得它具有单纯物质肉体所不具有的东西；心理孕育并蕴含于身体之中，正是身体使它得以产生和表现"。

因此，具身化的德融教学，不但要打破以往课程学习中排斥身体参与、摒弃课程仅仅是给大脑灌输特定知识、反复在大脑中强行记忆外来经验的弊端，更要让课程基于学生已有的经验，更多地让学生去亲自感知并体验事物、文化和环境，体会所蕴含的德育教育。只有让身体参与并经历，才能够达成理解，内化并生成自己的认知经验，让德育教育在润物细无声的情境下被学习者所感知、所接受。因此，实施课程思政的课程，是"心—身—物"互动建构的、"全身心"参与课程经验的过程。

高校课程思政的教学，实质上是德育教育融合与专业课程的教学过程。德融的有效，取决于教学内容能够为学生的认知系统顺利接受。如果为了德融而刻意为之，难免出现专业教学与德融两张皮的现象。因此，教师为保证课程思政的德育教学与专业教学的双重效果，有必要在选取专业教学内容的时候，从身边发生的事情、从触手可及的场景和实验场地入手，选取学生可接触到的题材，让学生可以通过实践、访谈、体验，做到手脑齐动，专业学习与社会践行相统一，促进个体认知，进而达成课程的思政功能。

(二) 创建适宜的教学情景

周鹏生发现，个体学习困难的原因包括缺少所熟悉的比喻体系统、感知觉系统故障、缺乏主动与情境中成员交流的技能。[①]

认知科学家认为，人类 95% 以上的认知都是无意识的，隐喻就像一只"看不见的手"，将我们的经验不断概念化。抽象概念通过隐喻与我们的身体经验建立联系，人类的知觉运动经验是抽象概念形成和表征的基础。镜像神经元的发现为概念理解及模拟过程的理论建构奠定了生理基础。镜像神经元的功能是反映他人的行为(行为意图的理解)和共情(对他人情绪体验的理解)，使人们学会从简单模仿到更复杂的模仿，由此逐渐发展了语言、音乐、艺术、使用工具等。它储存的是特定行为模式的编码，人对外界事物、现象以及他人情绪、现场气氛的理解必须要通过亲身体验和感知。

从具身认知的基本过程看，抽象概念的具身理解遵循着模拟和复现的原则。当知觉过程进行时，认知主体的视觉、听觉、触觉、运动、情感等均被激活。这些知觉和身体状态被部分地保留下来，在以后的认知活动中，保持在记忆中的相关状态和信息再次被激活，并进入认知加工过程，通过模拟原有的动作特征，复现当时的刺激情境，实现概念的具身理解。

由此可知，教学过程中需要重视环境要素，调动学习者的感知系统，促进学习者隐喻的形成以及完成模拟行为，进而形成对抽象概念的理解。这里所说的情境，

---

① 周鹏生. 从具身认知的视角解读学习困难[J]. 教育导刊，2017(3).

不仅指身体所在的物理环境，而且强调身体所处的历史文化情境。学习者的认知是发生在特定历史文化背景、特定的情境世界中的活动，文化符号蕴含的意义影响着个体的认知，构成了认知的内容。因此，情境性是具身认知理论中的重要特征之一。

高校的课堂教学同样也是奠基并发生于这种情境之中的过程。鉴于课程思政教学的德育融合需求，即不仅需要以环境装置以及教学设施等物理情境为基础，更为重要的是与文化环境互动的过程，产生历史传统、文化学习气氛以及课程文化意义的过程。课程的情境性主要作用在于联结学生已有的经验，并激发学生的兴趣，以供其参与、互动，在互动、交流信息的过程中达成理解和生成的学习目的。专业课程的德融教育，一定要注意将课程文本转化为让学生参与的文化情境，让学生沉浸在这种课程情境之中，全方位获得对课程情境的深刻理解。通过在真实情景中的体验和问题解决的过程，不仅收获知识与提高能力，还能培养其个人的情感、态度、价值观，实现课程教学的思政作用。

(三) 创建促进学生成长的生成性教育

从模拟的视角看，大脑是一种具有涌现性、复杂性及自组织性的系统。大脑可以通过构架低层次的神经网络，来达到高层次的认知效果。当一个概念通过不止一种隐喻被建构时，不同的隐喻结构化就以建立交叉的方式联系在一起。抽象概念的完整意义就是在这样一些不同维度、直接或间接的经验活动中不断涌现出来的。

与传统预设、静态的课程观不同，具身化课程注重课程的动态性、过程性及生成性。传统课程目标和计划是先于行动的，而具身化课程不排斥预设，但更注重有预设性的生成，课程学习的意义生成于具体的、情境的课程行动之中。具身化课程计划的目的是指导，促进生成的过程，而非墨守成规。这恰好与著名教育学家杜威的观点吻合，即"课程不再是预定的经验，而在于转变已有的经验"。

具身化课程观认为，学习者的经验产生于情境化的课程。每个践行者都创造着课程过程，是课程创造者。在这样的教学中，学生经历课程文化情境的过程，便是生成自身课程经验的过程，也是重构自身认知、产生个人化知识的过程；更是重塑和发展包括认知、情感和态度在内的整体的自我的过程。

具身的生成性教育与课程思政的德育功能有一样的效能，都是基于培养全面的人的教育目标。在专业课程的教学中，教育者应有意识地构建合乎德育教育的课程材料、资源及环境(包含物质环境与人文环境)，以具体的教学内容为依托，充分围绕知识学习的主题，认真落实德育的教育内容。教育者应借助具体的、涵盖个体自我认知、情感的教学内容，培养学生价值观的生成，以及达成传统文化、爱国教育的传承。

因此，具身理论指导下课程思政教学环境的构建可以考虑教学环境与身体方面，即课程思政教学环境应构建具身的环境；考虑知识与情境的关系，构建知识的情境性维度；考虑学习环境与学习活动的关系，构建生成性的学习环境。教育者应有意识地调整教育教学环境，有意识地加入德育要素，以此影响学习者的学习活动，实现习近平总书记提出的"思想政治工作贯穿教育教学全过程，实现全程育人、全方位育人"。

参考文献

[1] 习近平. 在北京大学师生座谈会上的讲话[M]. 北京：人民出版社，2018.

[2] 郭杰忠. "课程思政"教学改革的三点思考[J]. 南昌航空大学学报(社会科学版)，2019(6).

[3] 晁玉方. 中国退役士兵职业教育与技能培训发展研究[M]. 中国社会科学出版社，2016.

[4] 李炳全，张旭东. 具身认知科学对传统认知科学的元理论突破[J]. 南京师大学报(社会科学版)，2014(6).

[5] 周鹏生. 从具身认知的视角解读学习困难[J]. 教育导刊，2017(3).

[6] LAKOFF G, JOHNSON M. Philosophy in the flesh: the embodied mind and its challenge to Western thought [M]. Chicago . University of Chicago Press, 1999.

[7] PECHER D, BOOT I, VAN DANTZIG S. Abstract concepts：sensory-motor grounding, metaphors, and beyond[J]. Psychology of Learning and Motivation, 2011.

[8] 叶浩生. 镜像神经元：认知具身性的神经生物学证据[J]. 心理学探新，2012(1).

[9] 习近平. 习近平谈治国理政：第 2 卷[M]. 北京：外文出版社，2017.

课程思政与法学本科教育的发展关系分析

王华伟 朱玉芝 杨杰

(齐鲁工业大学 政法学院 250353)

摘要： 法学课程思政建设要坚持立德树人、课程育人、以法为法、特色鲜明的原则。虽然我国有关的法律法规及文件已蕴含法学课程思政的相关内容，但是仍然存在着法学人才培养目标同质化、课程设置宽泛化等问题。在课程思政建设原则的指引下，新时代下法学本科教育应坚持全方位、体系化、综合性的可持续发展之路，重点实现内容的思政性和发展的可持续性。

关键词： 课程思政 立德树人 可持续发展

一、法学课程思政建设应坚持的原则

(一) 立德树人原则

立德树人突出强调"德"的要求。何为"德"？要义之一就是将社会主义核心价值观的理念和内容贯穿于教学活动的始终。"培养什么人、怎样培养人、为谁培养人"，这是高校在人才培养中必须首先回答好的问题。法学课程也不例外，更应坚持以德为先的培养思路，立德树人应成为法学课程思政首要坚持的原则。

（二）课程育人原则

课程思政的重要载体要有全方位的课程育人体系，在课程中体现出思政性和思考性。课程思政的育人体系是全方位的，不仅局限于课程设置的思政性，还要在科研成果上体现出思政性，当然还应在教学实践、法律职业伦理等方面体现出思政性内容，最终要形成"课程承载思政""思政寓于课程"的新思政格局。

（三）以法为法原则

2017年5月，习近平总书记在中国政法大学考察时强调"立德树人，德法兼修，培养大批高素质法治人才"。法学本科生的培养在坚持立德树人的大前提下，还要结合法学专业独有的特点，要以法治理念、法治精神、法治原则、法律文本为行动的指导和教学的方法，要做到以"法"为"法"，有"法"可依。

（四）特色鲜明原则

法学专业的课程思政要形成自己的特色，突出思政的新亮点。不同地域和层次的高校要结合自身专业特色和地域特点，提出更加细化的培养目标，形成了鲜明的特色。比如中国人民大学在法学本科培养过程中就强调使学生成为具备"人文情怀、崇尚法治、追求真理、奉献社会"理念的卓越法律人才。

二、课程思政视角下对法学本科教育发展的实证考察

（一）课程思政的逻辑脉络：基于法规范层面的综合考察

新时代下应当如何将思政教育融入法学本科生的教学中，我们可以从中国法学教育相关的法律法规及教育文件角度进行梳理和思考。

首先，中国法学本科教育发展应坚持马克思主义法学指导思想。《中共中央关于全面推进依法治国若干重大问题的决定》指出："坚持用马克思主义法学思想和中国特色社会主义法治理论全方位占领高校、科研机构法学教育和法学研究阵地，加强

法学基础理论研究，形成完善的中国特色社会主义法学理论体系、学科体系、课程体系。"马克思主义法学是中国法学教育发展必须坚持的指导思想，法学本科教育也不例外，其发展的指导思想是明确的。这点必须毫不动摇，2017 年 5 月习近平总书记在中国政法大学考察时明确指出，必须坚持以马克思主义法学思想和中国特色社会主义法治理论为指导。

其次，法学本科教育是中国法学教育的根本。2018 年 6 月 21 日，时任教育部部长陈宝生在新时代高等学校本科教育工作会议上强调，一定要把本科教育放在时代教育发展的前沿地位，高教大计、本科为本，本科不牢、地动山摇，本科教育是大学的根和本。2018 年 10 月 17 日教育部发布《关于加快建设高水平本科教育全面提高人才培养能力的意见》(教高〔2018〕2 号)。指出本科教育是根，建设高等教育强国必须坚持"以本为本"。这些论述明确了未来本科教育发展的定位，这是在法学本科教育的发展中必须牢牢坚持的原则。

最后，中国的法学本科教育应当坚持德法兼修的发展路径。教育部、中央政法委发布《关于坚持德法兼修实施卓越法治人才教育培养计划 2.0 的意见》(教高〔2018〕6 号)以及《关于实施卓越法律人才教育培养计划的若干意见》。法律人才的培养应坚持品德认知与法律知识共同发展的路径，培养一批符合法治国家需要的卓越法律职业人才。这种路径导向明确了法学本科教育的发展方向，特别是对"德"的重视，是衡量能否实现法学本科教育和人才培养长期性、可持续性的一个重要指标。

(二) 课程思政的重点：基于 50 所高校的法学本科培养目标分析

培养目标决定着课程思政培养人才的方向，科学的培养目标设定对于人才培养的方向和质量具有极为重要的价值和意义。按照发展实力的不同，中国具有法学专业的高校可以分为三类(本文考察了 50 所)：一是老牌的"五所专业政法大学"(以●为标识的 5 所)，二是原 985、211 高校以及现在的"双一流"高校(以◆为标识的 25 所)；三是除上述之外的全国重点院校和普通院校(20 所)。通过考察这 50 所不同层次高校的法学本科培养目标，我们发现其具有如下特点。

一是法学本科的培养目标通常分为应用型、复合型、创新型等类型，不同高校结合自身情况在这些目标之间互相组合和切换。应用型是指明确将法学本科培养目标定位于为公检法司等一线实务部门服务。复合型是指既具有法律实务能力，又具有理论分析能力，还具有社会要求的其他各方面的综合能力。创新型是指具有新思维、新方法、新视野的新型法律人才。

二是不同层次的高校培养目标差别不大，呈现出同质化的发展倾向。尽管这50所高校的法学本科教育在发展层次和综合实力上存在较大的差别，但是我们发现在人才培养目标上并没有预期中的重大差异。这实际上反映了当前中国高校法学本科教育在培养目标上出现了一种同质化的发展倾向。

三是部分高校结合自身专业特色和地域特点，提出了更加细化的培养目标，有的已经将思政融入课程设置中。如西北政法大学根据不同的专业方向设置不同的培养目标，在应用型、复合型总体培养目标的统摄下，结合自身专业特点进一步细化了培养要求。又如华东政法大学在法律实务人才培养的基础上，注重德、智、体、美、劳的全面发展。再如中国人民大学强调使学生成为具备"人文情怀、崇尚法治、追求真理、奉献社会"理念的卓越法律人才。石河子大学人才培养以服务于新疆生产建设兵团、西部边远地区和少数民族地区司法实践为主。延边大学以培养民族法律人才和东北亚区域合作与交流所需涉外型法律人才为特色。

50所高校法学本科生培养目标如表7-1所示。

表7-1　50所高校法学本科生培养目标

应用型	应用型、复合型	应用型、复合型+X	应用型、复合型、创新型	应用型、复合型、创新型+X	基础+实务	其他类型
华东政法大学●	西北政法大学●	广西大学◆	山西大学	中南大学◆	复旦大学◆	北京大学◆
清华大学◆	中南财经政法大学●	天津商业大学	浙江大学◆	江苏师范大学	华南理工大学◆	云南大学◆
宁夏大学◆	新疆大学◆	辽宁大学◆	四川大学◆	中国政法大学●	内蒙古大学◆	江苏大学

(续表)

应用型	应用型、复合型	应用型、复合型+X	应用型、复合型、创新型	应用型、复合型、创新型+X	基础+实务	其他类型
山东师范大学	福州大学◆	河南大学		西南政法大学●	重庆大学◆	济南大学
大连大学	河北大学	湖北大学			海南大学◆	西北工业大学◆
北方工业大学	湘潭大学				温州大学	
延安大学	西安工业大学				深圳大学	
北华大学					中国人民大学◆	
山东大学◆(威海)					武汉大学◆	
临沂大学					吉林大学◆	
广州大学					石河子大学◆	
					延边大学◆	
					安徽大学◆	
					南昌大学◆	
					青岛大学	

(三) 法学课程思政方面存在的突出问题

一方面，多数高校的培养目标比较分散，而且多为一些口号性、象征性的要求，真正落到实处的并不多见。前述 50 所高校将培养目标明确聚焦于某一方面的并不多，譬如只有 11 所高校将培养目标直接定位于应用型。多数高校的培养目标并不集中，属于混合杂糅型。例如应用型、复合型有 7 所，"应用型、复合型+X"有 5 所，其中 X 又表现为高层次、涉外型、学术型等各种形式。应用型、复合型、创新型有 3 所，"应用型、复合型、创新型+X"有 4 所，其中 X 表现为研究型、国际型、职业型等各种形式。"基础+实务"型有 15 所，这些高校没有提出与应用型或复合型类似的培养目标，不过都注重理论基础和实务能力的综合培养。其他类型有 5 所，这 5 所高校的培养目标更为分散，有的是厚基础、宽口径、高素质，有的是复合型、职业型、创新型，还有的是复合型、实务型等。

另一方面，法学本科教育的培养目标与课程思政的内容，在关联性、指导性方面还缺乏明确清晰的界定。譬如，即使是将培养目标定位于创新性、学术型的部分高校，"满堂灌"的讲课形式也是日常受业的主要方式，学生在平常学习中偏重条文背诵，对于期末考试也以被动的应试为主。又如在课程设置、教学手段、教学思路等方面习惯于因循守旧，所教授的知识内容和法律实务与社会的实际需求相脱节，有些内容与国际标准相比更是相去甚远。这些现象并没有将课程思政的精神和内容等真正地融入法学专业的教学和人才的培养过程中。

三、课程思政指导下法学本科教育应坚持可持续发展之路

教育部、国家发改委、财政部联合出台的《关于引导部分地方普通本科高校向应用型转变的指导意见》，为部分本科高校转型发展明确了路线图和任务书。当前，可持续发展的理念已风靡全球，中国法学本科教育在推进课程思政的过程中也应坚持这一发展思路。新时代下中国法学本科教育发展也应具有思政性、前瞻性、持续性、协调性。

(一) 可持续发展是一个全方位、体系化、综合性的发展

首先，可持续发展是人的发展，要突出学生的主体地位，这是与课程思政的精神一脉相承的。"法学教育的核心问题必然是人的问题，道德素质在法律人才的培养问题上是当前的核心要素。"其培养核心是提升和发展学生的综合素质。这就需要在人才培养的各个方面全面凸显学生的主体地位，促进学生全方位提升自己。"大学教育的目的是促进人的全面发展，既要使大学生学有专长、掌握技能，又要塑造大学生独立与健全的人格、广博的视野与关心国家的情操，二者不可偏废。"

其次，正确的思政教育理念是确保法学本科教育可持续发展的重要方面。法学教育之使命，是为国家培养中国特色社会主义法律人才。因此，在教育理念上，把

实现社会公平正义作为法学教育在理念层次的目标，既传递法学知识，又传承公平正义的法学理念，让法学教育成果能够惠及全体人民。

(二) 可持续发展要实现发展目标、发展模式、课程设置的重点发展

1. 发展目标：多层次

按照课程思政的要求，新时代下中国法学本科教育的发展目标和培养模式应具有一些新的特色，不应再局限于应用型、复合型或研究型等发展目标，而是应充分立足于学生自身的兴趣，并结合各高校的自我定位、办学条件、专业优势等，实行可持续性的、多层次的发展目标。这可以从两个维度进行建构。

一方面，不同高校要根据自身的地域、文化、专业的实际情况，突出自身发展的特色，切忌培养目标的同质性、空泛性、盲目性。笔者认为，像老牌的"五所专业政法大学"以及原 985、211 高校和现在的"双一流"高校，应以培养理论型、研究型、精英型法律人才为主要发展目标，注重发挥学生的学术性和创造性。像实力稍弱的地方性法学院校，应以培养面向基层的实务型法律人才为主要目标，更多的是一种应用性和实践性人才的培养。比如原 985、211 高校和现在的"双一流"的武汉大学，结合国际法专业的传统优势，在本科阶段就特别重视涉外法律人才的培养。又如作为普通高校的北华大学，结合自身的专业实力情况，明确提出"一线实用"的培养特色。这些都比较好地体现了发展目标的层次性。

另一方面，各个高校在具体培养目标的设定上也要有层次性。这里的层次性，具体指应树立起"夯基础、重引导、传思想"的发展目标。夯基础是指对法学基础理论知识和实务技能的培养一定要扎实，重引导是指引导学生树立科学合理的人生发展规划和职业发展目标，传思想是指将最为精髓的法学思想和法治文化传输给学生，这也是最高层次的目标。发展是一个渐进的历史过程，在人才培养上要循序渐进，打好基础，创出品牌，形成特色，这样才能逐步提高办学水平和层次，增强办学实力和可持续发展能力。

2. 发展模式：多元化

首先，教学要从"以教为中心"向"以学生为中心"转变，教学理念和手段要体现创新性和多元性。课程思政重在育人，不仅要学会"教学"，更要懂得"教育"。法学课程思政要重点研究学生的思想及遇到的热点和疑点，尤其要对法学专业的历史、现实和未来发展及依法治国的政策、方针进行研究。具体而言，教学方法和手段改革要突破以传授知识为中心的传统教学模式，探索以能力培养为主的教学模式，提倡实践性的教学方法。

其次，教师要有高尚的道德情操和高素质的发展能力。课程思政教育好坏的关键在于是否具有一支优秀的师资队伍。课程思政育人模式下，教师要有高尚的师德，坚持教书和育人的统一，坚持言传和身教的统一，坚持潜心问道和关注社会相统一，遵守"学术研究无禁区，课堂讲授有纪律"的教学纪律。当然，还需要加大对教师队伍的财政支持力度，提高一线法学教师的待遇水平，采取一系列有效手段吸引高素质人才。

此外，还需要特别引起重视的就是科研与教学的关系。高校应进一步提高对教学工作的重视力度，不能一味地突出科研而忽视教学工作。《科技部 教育部 人力资源和社会保障部 中科院 工程院关于开展清理"唯论文、唯职称、唯学历、唯奖项"专项行动的通知》(国科发政〔2018〕210号)进一步明确了科研改革的方向，强调要深化高校体制改革，扭转不科学的教育评价导向。

3. 课程设置：创新性

各高校的法学专业需要紧紧围绕培养目标，找准自己的优势，形成自身特色，在课程体系和实践教学方面双向体现出来，就能逐渐形成可持续发展之路。

在法学本科课程的设置方面，要体现出思政性和创新性。新时代中国法学教育必须打破理论法学与部门法学、传统法学门类与新兴法学门类、法学与其他社会科学和自然科学的界限，破除法学理论的非知识壁垒。在理论课程方面，应将马克思主义政治学、管理学、社会学等作为基础理论课程予以强化拓宽学生视野，将法理学、宪法学、刑法学、民法学、行政法学等专业基础课程进一步夯实，提高学生法学素养，将法律逻辑学、法律英语、模拟法庭等专业技能课程作为提升人才培养实践能力的突破口。还有，在不同课程的体系构建和学时设置等方面，要突出法学思政课的重要地位。课程体系的建设要根据学校办学定位和法学专业建设目标，合理确定基础课程与专业课程、必修课程与选修课程、理论教学与实践教学的比例，形成结构合理、特色鲜明的课程体系。

此外，纵观各国的法律人才培养模式，无论是英美法系还是大陆法系，其在法律人才的培养方面都非常重视素质教育，特别重视实践能力的提升和职业素养的培育。笔者认为，一方面，这需要在实践教学的形式上进行创新。有的高校充分利用互联网教学形式，如中国政法大学依托庭审同步直播及录像观摩、案卷阅览及网上查阅等实践教学模式，实现了法学实践教学与知识教学、社会发展及社会需求、法治建设及发展的同步，打破了知识教学和实践教学之间的体制壁垒。还有的高校建立公检法实务课堂，通过建立"法官进课堂""检察官进校园"的运作模式，聘请那些经验丰富、理论水平高的法官、检察官走进课堂、走进学生，讲解典型案例。另一方面，还需要强化实践教学的激励机制，以进一步提升实践教学的效果。

参考文献

[1] 季卫东. 我国法学教育改革的理念和路径[J]. 中国高等教育，2013(12).

[2] 陈惊天. 新时代的法学教育应发挥基础性先导性作用[J]. 人民法治，2018(16).

[3] 杨海坤. 提高本科通识教育质量水准[N]. 光明日报，2012-03-02.

[4] 姜大伟. 新时代卓越法律人才培养与法学教学模式的改革[J]. 新余学院学报，2018(3).

[5] 周叶中. 新时代中国法学教育的问题与使命[J]. 人民法治，2018(16).

[6] 张鹏宇. 地方高校法学专业培养目标定位的依据和基本原则[J]. 牡丹江教育学院学报，2013(6).

[7] 边双燕. 地方高校法学教育特色人才培养模式探究[J]. 衡水学院学报，2010(6).

[8] 王伟奇. 地方性理工院校法学特色教育的发展路径研究[J]. 中国电力教育，2011(2).

[9] 周叶中. 新时代中国法学教育的问题与使命[J]. 人民法治，2018(16).

[10] 边双燕. 地方高校法学教育特色人才培养模式探究[J]. 衡水学院学报，2010(6).

[11] 刘坤轮. 新时代怎样培养法治人才[J]. 人民法治，2018(2).

[12] 王新兰. 法学专业人才教育培养模式探讨[J]. 东北师大学报(哲学社会科学版)，2011(5).

德才兼育　知行合一

——艺术专业推进课程思政的思考与研究

高磊

(齐鲁工业大学　艺术设计学院　济南 250353)

摘要：深入推进课程思政，赋予了艺术专业课教师新的责任和使命。在课程思政教学理念的指导下，要求任课教师必须改变教学理念，更新教学内容，丰富教学方法，拓展教学渠道，结合专业课程特点，不断挖掘现有课程内容的思想政治育人元素，精心设计教学单元，推动艺术专业课程思政的创新与实践研究，努力构建全员育人、全程育人、全方位育人的教学格局。

关键词：课程思政　立德树人　协同效应

高等教育工作的根本任务是培养社会主义建设者和接班人。2016 年 12 月，习近平总书记在全国高校思想政治工作会议上强调，要把坚持立德树人作为中心环节，把政治思想工作贯穿教育教学全过程，实现全程育人、全方位育人。习近平总书记指出："要用好课堂教学这个主渠道，思想政治理论课要坚持在改进中加强，提升思想政治教育亲和力和针对性，满足学生成长发展需求和期待，其他各门课都要守好一段渠、种好责任田，使各类课程与思想政治理论课同向同行，形成协同效应。"一段时间以来，高等学校的思想政治教育与专业教育存在"两张皮"的现象，如何破除彼此之间的隔阂和壁垒，构筑全过程、全方位、全员育人的大格局，是当前面临的一项重要任务。新的时代背景给艺术专业教育教学带来了全新的发展机遇，也给艺术专业思政教学带来了新的挑战。随着我们对由"思政课程"向"课程思政"转变的认识的不断深化，艺术专业教学也应该努力迈向知识传授与价值引领相结合的新阶段。

一、正确认识课程思政的科学内涵

高校要坚持立德树人的根本任务，全方位推进课程思政建设。课程思政，并不是简单意义上的"课程+思政"，也不是单独增设一门思政课程，或者在专业课程讲授过程中单独拿出几节课讲授思政内容，而是深入挖掘专业课程蕴含的思政元素，例如专业知识本身具有的工匠精神、诚信教育、家国情怀等，在讲授专业知识的同时，将思政课程元素融入教学全过程的每个环节，渗透到每个学生的思想中去。应当主动做好专业教育和思政教育的无缝衔接，不能把思政内容生硬地楔入专业课程，两者应该有机融合、协调发展，切实起到"春风化雨、润物无声"的良好效果。具体来说，就是所有的课程都要发挥课程的思政育人功能，承担起传授知识、培养能力、价值引导的责任，把家国情怀自然地渗入课程中，实现"专业教学"与"思政育人"的同步结合。

高校课程思政的建设，就是要发挥思想政治教育的价值引领作用，构建显性教育与隐性教育协同推进的思想政治育人模式，打破长期以来思想政治教育与专业教育相互隔绝的"孤岛效应"，实现思想政治教育与其他学科内涵的全面融合，培养德智体美劳全面发展的社会主义建设者和接班人。

二、艺术专业课程思政实施的必要性和可行性

(一) 艺术专业课程思政实施的必要性

(1) 艺术类学生对思政课程的认知存在不足。当前，我国高校普遍开设了思政课程，这些课程理论在学生人格塑造、道德培养、专业提升层面都起到了积极作用。

相较其他类学生而言，艺术类学生存在高考录取分数较低、个性比较强、思政课学习重视程度不够等现象。鉴于艺术类的专业特点，"重技能、轻文化"错误思想的存在，导致学生对思政课程学习重要性的认识不足，学生往往注重专业理论与实践技能的学习，而忽视思政理论课程的学习。尽管学校开设了思政课程，但是学生对思政课程兴趣不高，使得思政课程教学效果欠佳。

(2) 思政课程与艺术专业课程存在脱节现象。目前，很多高校的思政课程与专业课程没有形成深度融合、良性互动机制，协同育人的作用不够明显。一般来说，思政课程与政策国情、社会时事联系比较密切，对艺术专业的实践性要求关联度不高。艺术专业教师往往容易偏重专业素养和实践技能，对储备思政理论知识的重视程度不够，在教学过程中，难以将思政理论知识与艺术专业知识融会贯通，使得思政理论与艺术专业教学融合只停留在表面，难以做到真正的深度融合。

(3) 思政理论可以有效提升艺术素养。思政课程中的审美教育和人生观、价值观教育等在本质上都与艺术有着天然的联系。艺术专业教育不仅肩负着培养创新技能人才的责任，承担着培养学生爱国情怀、社会责任、文化自信、人文精神的作用，更是承载着培养具有高尚品德、继承中华文化优良传统的复合型人才的使命。通过将思政理论同艺术课程相结合，可以构建学生专业学习、人格塑造、提升艺术综合素养的完整育人体系，对于培养德才兼备、知行合一的复合型艺术专业人才具有非常重要的意义。

(二) 艺术专业课程思政实施的可行性

(1) 契合性。思政课程理论是一个庞大的知识体系，蕴含了丰富的哲学思想与基本原理。实施课程思政的目的，不在于要改变原有艺术专业课程的体系，而是要强化专业课程的内在的育人功能，充分挖掘原有课程中蕴含的德育元素，在有机融合上下功夫，做到在讲授专业知识和技能的同时，将思政教育的内容充分融入专业课程教学，使专业课程能像思政课程一样发挥育人的功能。

(2) 趣味性。通过课程思政的实施，可以在弘扬传统的民族传统、增强文化自信等方面起到积极的推动作用，进一步提高大学生德育教育的效果。例如，在美术类专业课程的教学活动中，可以有意识地选择中国传统文化内容，充分利用课程中的中国文化的传统元素，使学生主动完成课堂设计任务。这样一来，将思政教育与艺术专业知识相互融合，做到"润物细无声"地感染学生，可以有效改善学生对思政内容的抵触情绪，激发学生内在的道德需求，达到"把理论融入案例，用案例讲清道理，以道理赢得认同，以悟道取代灌输"的效果。

(3) 效果好。思政教育不宜硬性灌输，生硬地直接给出结论，应该深入了解学生的需求，着重培养学生的创造性思维能力，加强对学生品格的塑造。目前，大家的环保意识逐渐加强，多数环境设计专业的学生，对自身专业课教学兴趣较为浓厚。教师可以把环保意识、环保理念等渗透到环境设计专业的案例教学中，实现专业教学与思政课程的有机融合，启发学生主动思考，把专业课上出"思政味"，取得"专业课+思政课"同向、同步的良好教学成果。

三、艺术专业课程思政建设的路径分析

(1) 更新教学理念。要想实现思政理论与艺术专业课程的有机融合，首先需要教师转变教学理念，真正将思政的思维和意识融入教师教学的过程中，从准备教案、理论讲授到实践指导，各个教学环节都需要不断深挖思政因子，加以总结提炼，并将其运用到教学实践中，真正实现课程思政与专业教学的有机融合。

(2) 提高教师素养。教师是课程思政教学实施主体。教师应当具有正确的政治立场和坚定的政治意识，履行好教书育人的岗位初心，主动承担起培养社会主义建设者和接班人的时代重任。在教学过程中，教师要始终坚持教书和育人相统一，坚持言传和身教相统一，坚持潜心问道和关注社会相统一，坚持学术自由和学术规范相统一，才能在教学过程中对学生进行积极的价值引导。

(3) 明确教学目标。教学目标是所有教学活动的出发点和落脚点。在制定艺术专业课教学目标时，应当把"知识传授与价值引领相结合"作为基本的原则，在传授课程知识的基础上引导学生将所学到的知识和技能转化为内在德性和素养，注重将学生个人发展与社会发展、国家发展结合起来，突出专业课的思想引领功能。从

体系设计上，切实解决好"为谁培养人""培养什么样的人""怎样培养人"等几个关键问题，真正构建起艺术专业课程的思政教育体系，从而引导学生实现德才兼修、知行合一。

(4) 完善教学内容。在课程思政理论指导下，专业教材和课程内容应体现时代性，从中提炼课程中的思政元素，并融入具体的专业教学中。例如，在理论课教学中，可以利用中国光辉灿烂的艺术文化，对学生开展爱国主义教育；在室内设计、景观设计以及公共艺术设计等教学中，教师指导学生通过构想创意，将"五位一体"的发展理念、社会主义核心价值观等体现到具体的项目设计中；在专业实践中，引导学生体会我国的传统艺术、工匠精神以及民族特色的魅力，感悟传承传统文化的意义和重要性，等等。通过在各种教学内容中渗透思想政治教育，可以帮助学生掌握我国历史、文化及当前国情，增强学生的民族自豪感，激发学生为国家崛起、民族复兴而努力学习的动力。

(5) 拓展教学渠道。课堂中，教师可以充分使用现有的网络教学资源，改变"老师讲、学生听"的灌输授课模式，利用多元的教学手段来进一步丰富教学形式，增加课程的互动交流，提高学生的参与度，使学生变被动接受为主动参与。同时，还可以通过组织学生聆听专家讲座、公司企业实习、参加"挑战杯"课外竞赛、参与教师课题研究等方式，教师进行专业技能和思想政治教育内容的发掘，由浅入深、自然地引导学生认识国家建设发展取得的历史性成就，进而形成对传统教学课堂的有益补充。

四、结语

通过艺术专业课程思政的推行，能够有效地改善原有思政教学理论呆板枯燥、学生接受效果差、思政教学脱离专业领域发展等问题，能够做到思想政治教育全面落实，专业教学全面覆盖，充分调动学生的学习动力与兴趣，强化了思政教育效果。同时，增强了教师教书育人的责任感和使命感，提升了艺术专业教师科研能力及实践教学水平，切实将全方位、全过程、全员育人的要求落到实处。

参考文献

[1] 吕宁. 高校"思政课程"与"课程思政"协同育人的思路探析[J]. 大学教育, 2018(1): 122-124.

[2] 陈阳建, 李凤燕, 张立飞, 罗方. "课程思政"在生物化学教学中的探索实践[J]. 管理观察, 2018(26): 126-127.

[3] 高德毅, 宗爱东. 课程思政: 有效发挥课堂育人主渠道作用的必然选择[J]. 思想理论教育导刊, 2017(1): 43-46.

[4] 吕玉龙, 屠君. 基于艺术设计专业的高职课程思政实践途径探究: 以浙江农业商贸职业学院艺术设计专业为例[J]. 兰州教育学院学报, 2017(10): 91.

[5] 刘人谦. 高职思想政治教育融入艺术设计专业人才培养[J]. 教书育人(高教论坛), 2014(10): 28.

[6] 韦超现. "课程思政, 知行合一"高校艺术设计专业教学模式研究与实践[J]. 艺术科技, 2019(10): 47.

"新工科"背景下高校"三全育人"策略分析

孙玉晶 杜劲 冯益华

(齐鲁工业大学 机械与汽车工程学院 济南 250353)

摘要： 开展"新工科"背景下"三全育人"建设研究属于工程科技人才培养模式的改革与实践，构建多学科交叉融合的科学合理的课程体系，健全新工科背景下创新人才培养实践平台，改革评价考核机制，促进人才培养质量的提升，逐步建立健全创新导向、课堂教学、自主学习、结合实践融为一体的多学科教育体系，实现人才培养质量进一步提升。

关键词： 新工科 三全育人 学科交叉 创新创业

2018年9月10日，习近平总书记在全国教育大会上指出："培养德智体美劳全面发展的社会主义建设者和接班人，加快推进教育现代化、建设教育强国、办好人民满意的教育。"中共中央、国务院印发《关于加强和改进新形势下高校思想政治工作的意见》(以下简称《意见》)，《意见》提出坚持全员全过程全方位育人(以下简称"三全育人")。

围绕这些要求，高校要把立德树人作为根本任务，融入思想道德教育、文化知识教育、社会实践教育各环节，把思想政治工作贯穿教育教学全过程，把思想价值引领贯穿教育教学全过程和各环节，形成教书育人、科研育人、实践育人、管理育人、服务育人、文化育人、组织育人的长效机制。

党的十八大以来，习近平总书记多次指出，未来几十年，新一轮科技革命和产业变革将同我国加快转变经济发展形成历史性交汇，工程在社会中的作用发生了深刻变化，工程科技进步和创新成为推动人类社会发展的重要引擎。2016年"新工科"这一概念被提出，在不到一年的时间里，教育部组织高校进行深入研讨，形成了"复旦共识"和"天大行动"。显然，新工科是在新科技革命、新产业革命、新经济背景下工程教育改革的重大战略选择，是今后我国工程教育发展的新思维、新方式。

在"新工科"建设的理念中，交叉与融合是工程创新人才培养的着力点。基于多学科交叉、产学研融合，斯坦福大学的硅谷模式、剑桥大学的科技园区等对创新人才培养提供了很好的参考。麻省理工学院研制的"蜂群"无人机协同作战、天津大学研制的"海燕"水下滑翔机、用于"天宫二号"的"在轨脑-机交互技术测试系统"等都是学科交叉的成果。

而目前的大多数高校中，多学科交叉融合还未引起足够的重视，或者还未形成有效的教学实践体系。以齐鲁工业大学为例，每年各个学院参加科技创新创业比赛千余项，但绝大多数在自己的学科范围内，并未实现学科之间的交叉融合，未能促成高水平成果的产生，也未能真正实施"三全育人"。在此背景下，运用"三全育人"理念对学生进行"新工科"的发展建设工作，显得尤为重要和迫切。

一、"三全育人"全员育人理念与"新工科"项目的融合

加强学生创新开放实验室建设，建立多学科交叉开放型实验室。利用齐鲁工业大学工程训练中心平台，引导设立各类专业实验室、虚拟仿真实验室、创新实验室、创业实验室和训练中心，促进实验教学平台共享。建立健全学校科技创新资源向全体在校学生开放，促进全校不同学科相互融合。积极组织学生参加各类创新创业竞赛。建设多学科交叉赛学互促平台，制订赛事实施方案，开展基于实践的高校大学生创新创业技能竞赛。举办校内创新创业大赛和各类科技创新、创意设计、创业计划等专题竞赛，组织以多学科交叉为主题的科创竞赛，选拔优秀作品参加全国"互

联网+""挑战杯""创青春"等标志性大赛。建立创新创业导师库，聘请校内、外专家教授和优秀企业家担任学生创新创业导师，指导学生创新创业实践和竞赛。以创新训练项目为例，学校对大学生创新创业训练项目非常重视，每年拿出一定资金资助"大创项目"。由教务处牵头，二级学院积极配合，全体教师积极参与，发动全校学生积极申报"大创项目"。学校从参报的几百个项目中筛选出优秀项目进行立项。在这个过程中，学校积极组织学生积极参与，老师努力指导。整个过程体现了创新训练项目的全员育人。

二、"三全育人"全过程育人理念与"新工科"项目的融合

依托大学城科技园和企业，建立多学科交叉项目孵化转化平台，将学校内产生的高水平成果予以支持和孵化。与学院资深合作单位共同建设大学生创新创业实践基地，建设创业基地、创客中心、创新工场、创业大本营等众创空间，为学生提供固定创新创业场所。大学生主要以自主学习为主，教师只起引领作用。这就要求学生必须具有很好的自觉性及较好的判断、归纳、总结能力。在"新工科"项目的实施过程中，学生们体验了创新的过程，体会到科学研究的不易，也能发现自己在知识、技能、社交等方面的优点及存在的不足。在"新工科"项目的实施过程中，让学生掌握创新思维的基本方法和应用技巧，并将创新思维的基本方法和应用技巧转化到以后的学习、工作中。

三、"三全育人"全方位育人理念与"新工科"项目的融合

开展多种形式的创新创业训练，主要包括多学科交叉通选课程、课外实验(开放实验)、学术报告(沙龙)、创业实践(经营)活动等。鼓励学生通过高水平学科竞赛、科研立项、论文等途径获得学分。建立学科交叉课程体系构架图，夯实物理学理论基础，凸显专业知识基础，探索不同专业的学生课程互选机制，尝试开办创新创业

实验班、商业实践项目、创新创业训练计划项目、职业规划设计等课程和活动，培养学生的综合能力。根据学生潜质培育各类创新创业团队，围绕交叉学科的最新理论与实践探索新的研究课题，摸索和尝试新的研究方法，开辟新的研究领域。开展关于多学科交叉创新的全校通选课，聘请不同学院的教师与企业专家进行联合授课。设计多学科交叉的课题，并以课题为导向培养各学科本科生的多学科交叉融合意识，鼓励不同学科本科生之间加强交流合作。上述工作策略能让大学生的聪明才智得到充分发挥，对未知领域进行积极探索，从而有效培养大学生的多种能力，促进大学生德智体美劳全面发展，达到全方位育人的目的。

以"新工科"为基础，基于"三全育人"理念，建立校企合作的多学科交叉创新创业课程和实践体系，并以校企合作为起点，探索建立校企、校校、校地、校所及国际合作的协同育人机制。在推广该体系的同时，积极吸引社会资源投入多学科交叉创新创业人才培养中。在"新工科"建设背景下，培养学生以工程能力为核心，构建多学科交融的科学合理的课程体系，健全创新育人实践平台，改革以创新为驱动的评价考核机制，完善新工科背景下多学科交叉的创新人才培养模式，满足"新时代"对工程技术人才的需求。

参考文献

[1] 习近平总书记在全国高校思想政治工作会议上强调：把思想政治工作贯穿教育教学全过程　开创我国高等教育事业发展新局面[N]. 人民日报，2016-12-09.

[2] 王习胜. "三全育人"合理性的逻辑诠释[J]. 思想理论教育，2019(3).

[3] 坚持党对教育事业的全面领导——论学习贯彻习近平总书记全国教育大会重要讲话[N]. 人民日报，2018-09-18.

[4] 杨晓慧. 高等教育"三全育人"：理论意蕴、现实难题与实践路径[J]. 中国高等教育，2018(1).

[5] 王艳平. 高校"三全育人"的特征及其实施路径[J]. 思想理论教育，2019(9).

实施"课程思政"的重点环节研究

吴恩鸿

(齐鲁工业大学 马克思主义学院 济南 250353)

摘要： "课程思政"是新时代高校思想政治工作改革的方向，其目标是围绕立德树人这一教育的根本任务，深挖各专业各学科的育人价值，形成高校全程育人、全员育人、全方位育人的联动效应，以促进大学生全面成长成才。如何将其目标充分实现，是高校教育实践中面临的主要问题，本文认为，推进"课程思政"的顺利实施应着手打通以下三个重要环节：一是树立全员育人的理念；二是提升教师的能力和综合素养；三是构筑完善的工作平台和激励机制。

关键词： 课程思政环节 理念 能力 机制

在 2016 年召开的全国高校思想政治工作会议上，习近平总书记强调："高校思想政治工作关系高校培养什么样的人、如何培养人以及为谁培养人这个根本问题。要坚持把立德树人作为中心环节，把思想政治工作贯穿教育教学全过程，实现全程育人、全方位育人，努力开创我国高等教育事业发展新局面。"习近平总书记还特别强调："要用好课堂教学这个主渠道，思想政治理论课要坚持在改进中加强，提升思想政治教育亲和力和针对性，满足学生成长发展需求和期待，其他各门课都要守好一段渠、种好责任田，使各类课程与思想政治理论课同向同行，形成协同效应。"习近平总书记的讲话为新时代高校思想政治教育改革指明了方向。"课程思政"的理念应运而生。

"课程思政"并非一门独立的课程，其实质不是在高校中增设一门课程，也不是增设一项活动，而是将思想政治教育的内容和精神融入高校开设的课程中，通过教学和改革的各环节、各方面实现立德树人、润物无声的目标。

"课程思政"是一种整体性的课程观，它要求把所有学科和课程都纳入课程思政体系，这意味着高校思想政治教育不限于思政课，而是拓展至所有课程，无论是思政课，还是其他各类课程，都要担负起大学生价值观培育和塑造的职责，各学科各门课程都要把知识的传授与价值的引领相结合，从而实现高校育人从传统的"思政课程"单一的、主渠道方式向"课程思政"全方位、多渠道方式转化，构建各类课程与思想政治理论课同向同行、形成协同效应的思想政治教育体系，在潜移默化中完成全程育人的目标。

要实现"课程思政"的内在价值要求，达到育人的最优效果，关键在于明确其具体的实施路径。笔者认为，高校应重点打通以下三个方面的环节：树立"课程思政"理念、提升教师的育人能力与综合素质、构筑协同育人的工作平台与激励机制，把思想政治教育贯穿于高校教育教学全过程。

一、树立全员育人的理念是实施"课程思政"的先导

理念是行动的先导，"课程思政"是高等教育理念的重大革新，从校领导到全体教师都要树立全员育人、全方位育人的理念。

长期以来，高校思想政治教育存在理念上的诸多误区，比如：大学生的思想政治教育被认为仅仅是思想政治理论课程的任务，与其他专业课、通识课无关；将思想政治教育看作思想政治理论课教师、辅导员、团委、学工处的事，和其他课程的教师无关，一些专业教师根深蒂固地认为专业课只负责教授专业知识，"我教我的专业课，你教你的思政课"；思想政治理论课的教师也是关起门来上课，大学生德育的所有职责几乎全部由思政专职教师承担。上述错误的理念使得思想政治理论课教师与专业课教师各自为政，两者工作职责的简单区分导致高校思想政治理论课与其他课程之间存在鸿沟，形成了思想政治教育的"孤岛现象"和育人过程中的"两张皮"现象，协同育人的目标很难实现。

当前，我国社会正处于重要的转型期，各类矛盾交织、价值多元碰撞、社会环境复杂，大学生思想政治工作难度加大。要提升大学生的精神境界，培养其文化内涵与意志品质，提高其政治素养，仅仅依靠思政课对大学生进行思想政治教育远远不够，价值引领明显不足，迫切需要依托高校开设的多门课程发挥各个学科优势，彰显各门课程的特色。高校教师必须清醒地认识到，虽然现代高等教育有具体专业之分，但是每门课程都有无形的思政教育资源，每个专业背后都渗透着价值观教育，教育的本质和育人的终极目的是一致的。

高校要强化"全员育人"这一理念，让"立德树人"成为每位教师的神圣使命和岗位责任，牢记"育人"本质，把握学生需求，充分发掘所教课程蕴含的思政元素，使得思政课与其他各类课程在育人上形成协同效应，除思想政治理论课专职教师外，其他通识类课程和专业课教师都应承担起对大学生进行思想政治教育的使命，让所有任课教师都挑起思政担，让所有课程都上出思政味，从而形成全员育人、全方位育人的思政教育新格局，实现"课程承载思政，思政寓于课程"的目标，将立德树人真正落到实处。

二、提升教师的能力和综合素养是实施"课程思政"的关键

实施"课程思政"，教师是关键，教师的能力和综合素养直接影响"课程思政"的育人效果。

(一) 提升教师的"课程思政"能力

"课程思政"要求充分发掘各门课程的思想政治教育要素，将思想引导和价值观塑造有效融入各门课程的教学过程中，使各门课程都发挥育人的作用，因此，教师必须具备相关的教学设计和管理能力。

首先是从教学内容中挖掘思政素材的能力。每一门课程都在不同程度、不同侧面蕴含着丰富的思政元素，如何将家国情怀、社会责任、道德规范、法治意识、思维品质、科学精神、创新能力、人文精神等要素融入课堂教学中，需要教师联合思

想政治教育专家共同探索，设计优化教育路径，不断积累经验。

其次是良好的教学管理能力。"课程思政"和思想政治理论课不同，不是直接对思政理论进行讲解，而是要把思政教育内容渗透到专业教学的具体环节，教师要找好切入点，采用最能引发学生共鸣、最能产生育人效果的方式，营造良好的学习氛围，这需要教师训练良好的教学管理能力。

总之，教师要充分关注学生的期望和发展需要，深入挖掘和提炼各门专业课程蕴含的德育元素与承载的德育功能，将其巧妙地融入所授课程的教学之中，尽量避免单调生硬的说教，要遵循"盐溶于汤"的原则，重点在于把握好"度"。思政教育就像"盐"，要溶进专业教育的"汤"，只有"汤"美味可口，学生才能真正受用，育人功效才能实现。

(二) 不断提高教师的综合素养

推行"课程思政"，教师不仅要有高超的授课技能，还要具备以高尚师德为核心的综合素养。习近平总书记指出，教师承担着最庄严、最神圣的使命，既要做学问之师，又要做品行之师，要"以人格魅力引导学生心灵，以学术造诣开启学生智慧之门"。为此，教师要不断加强自身学习，不断提高自身的综合素养。

首先，教师应不断提高政治素养，这是实施"课程思政"的基础和先决条件。广大高校教师要关心时事政治，加强思政学习。作为"课程思政"教师，必须充分了解和领悟马克思主义基本原理，掌握和运用马克思主义的立场、观点和方法，培育坚定的理想信念，衷心赞同中国特色社会主义理论体系，唯有如此，才能在课堂教学中使"课程思政"发挥最大化的效果。

其次，教师应不断提高自己的德育素养。教师只有明确其肩负的德育使命，才可能将价值观教育融入教学过程中，用高尚的道德情操感化学生，进而实现传道受业和价值引领的双重目标。

再次，教师要培养自身丰厚的人文底蕴和科学素养。教师并不仅仅是传播知识理论，更应着力塑造学生的高尚灵魂。教师在课堂上所展现出的渊博知识和开阔视野，直接关系到"课程思政"的育人效果，因此，高校教师必须通过不断学习来丰厚自己的人文底蕴和科学素养。

三、构筑协同育人的工作平台和激励机制是推行"课程思政"的重要保障

(一) 构筑协同育人的工作平台

目前，高校普遍存在思想政治理论课与其他学科沟通不畅、条块分割的问题，因此，高校应充分发掘和运用各学科蕴含的思想政治教育资源，使其他学科与思想政治理论课同向同行。在具体实施上，需要党委领导、教学单位落实、职能部门配合，形成党委统一领导、各部门各方面齐抓共管的工作格局，充分调动各部门的积极性，形成协同育人的合力。

首先，高校党委领导层要高度重视"课程思政"工作，担负起组织实施的责任，做好顶层保障制度设计，在制度安排上为"课程思政"保驾护航。

其次，各教学单位要认真落实"课程思政"的相关要求，不能让"课程思政"流于形式，在教学研究、课程开发、课堂应用和管理等方面要有创新、有作为。

再次，各职能部门要积极配合，从学科发展、师资培养、课程设置、激励机制等各层面着手，整合校内各项资源，切实保障"课程思政"建设的有序进行。

值得一提的是，学校领导的亲自参与能有效推进课程思政的建设，例如，近年来齐鲁工业大学党委书记、校长和党委班子带头参与教师的集体备课，为"课程思政"出谋划策，鼓劲助威，并且走上讲台上思政课和形势政策课，同教师和学生亲切交流。学校领导在思想上的高度重视和行动上的以身作则，有力推进思想政治教育工作走向深入，从而有效推动课程思政全员育人的使命，将"立德树人"落到实处。

(二) 完善激励教师担当"立德树人"使命的考评机制

我国高校现行的考核评价机制往往把教学和科研视为重要指标，无论是教师年度考核、目标完成情况的考核，还是在职称晋升、评奖评优等的考核上，主要集中

在教学工作量、教学成果奖项、科研项目、科研获奖及论文专利等的数量、等级量化方面，而教师立德树人的情况在现行的考评机制中则基本没有彰显。这种考评机制导向上的偏颇，使育人工作成为一个"软任务"、考核上的"软指标"。教师在繁重的教学和科研压力之下，很难把更多的时间和精力放在立德树人上，其担负育人的责任意识也就淡薄了。为了改变这种情况，高校应健全和完善相应的考评机制，激励教师承担起"立德树人"的责任和使命。

首先，要建立健全对"课程思政"的实际教学效果进行评估的机制，这就要求高校加强对教学过程的监督与管控，通过观测学生的课堂表现、学生评教、同行评教、第三方评教等多种手段，建立动态化、规范化、常态化的教学评价模式，使各门课程的思政功能融入全过程可查可督。

其次，要加强对"课程思政"评价结果的运用，将评价结果纳入到师资培养和职称评审中，以此实现"课程思政"的有效激励机制。

需要注意的是，学生的思想素质发展具有过程性、发展性的特点，"课程思政"的育人效果也是循序渐进体现出来的，因此在评价"课程思政"的育人效果时，切勿只看见短期效果，而忽视长远发展，只重视课堂成绩，而忽视课外延伸。

此外，为推动"课程思政"的持续建设，高校还应推行适当的激励政策，不断吸纳有资质的学科和专家投入到课程思政的建设中，确保"课程思政"制度化、长期化和科学化的发展。

总之，"课程思政"是一项系统工程，不仅需要各专业各学科互相协调配合，还需要教育主管部门和高校党政领导的顶层设计。目前"课程思政"在理论上还需进一步探讨，在实践上尚需多总结经验和不断改进，可以说任重道远，需要各方面共同努力、协调推进。

参考文献

[1] 习近平总书记在全国高校思想政治工作会议上强调：把思想政治工作贯穿教育教学全过程 开创我国高等教育事业发展新局面[N]. 人民日报，2016-12-09.

[2] 习近平. 习近平谈治国理政[M]. 北京：外文出版社，2014：175.

关于新时代高校课程思政协同策略的几点思考

(齐鲁工业大学　材料科学与工程学院　姚彬　250353)

摘要：培养什么人，是教育的首要问题。党的十八大提出把立德树人作为教育的根本任务。高等教育强国建设的核心任务是提高人才培养质量，如何有效提升人才培养质量，确保立德树人，实现"三全育人"，需要将思想政治工作贯穿于教育教学的全过程。课程思政的实施需要在实践层面进行思想政治工作体系化、协同化建设。

关键词：课程思政 协同 新时代

"培养什么人、怎样培养人、为谁培养人"是我们一切教育工作的出发点和落脚点，是高等教育的历史使命所在。这一问题的厘定，一方面是对高等教育人才培养总体规划的认识，另一方面是对人才培养的内涵结构与具体要求的进一步框定，阐释了高校教育实践活动的前提性和基础性问题。随着我国社会进入新时代，仅仅靠单一的思想政治课的思政教育模式已经很难适应学校思政教育的需要。2016 年 12 月，习近平总书记在全国高校思想政治工作会议上强调："要坚持把立德树人作为中心环节，把思想政治工作贯穿教育教学全过程，实现全程育人、全方位育人，努力开创我国高等教育事业发展新局面。"如何实现"三全育人"，确保立德树人，有效地提高人才培养质量，就要将思想政治教育渗透到育人全过程中去。习近平总书记还强调，"做好高校思想政治工作……要用好课堂教学这个主渠道，思想政治理论课要坚持在改进中加强……其他各门课都要守好一段渠、种好责任田，使各类课程与思想政治理论课同向同行，形成协同效应。"因此，在新时代高校课程思政的实践中应以协同实现思想政治工作质量的提升，以协同满足学生成长的深层次需要。做到坚持价值塑造与知识传授、能力培养深度协同，引导学生以德立身、以德立学；坚持思想政治工作队伍与专业教师队伍两股力量双向融合，形成全员育人的协同效应；坚持各类课程与思想政治理论课协同，满足学生成长发展的需求和期待；坚持思想政治教育传统优势与新媒体新技术高度协同，抢占新阵地、增强时代感；坚持校园文化活动与社会实践广泛融合，更加注重以文化人、以文育人。

一、新时代高校课程思政协同策略的价值意义

首先，从党和国家对于课程思政制度设计的路径来看，随着高校落实课程思政的深入推进，一方面，思想政治工作队伍、专业教师、行政管理人员、后勤服务人员等作为高校立德树人的育人主体，职责与使命得到不断深化；另一方面，大学生成长发展所参与的各个环节被充分地调动和挖掘，使得对工作协同性的要求不断提升。例如，2016 年 12 月，《关于加强和改进新形势下高校思想政治工作的意见》(中发〔2016〕31 号)中明确指出，高校要坚持"三全育人"以及开展协同育人的七个主要的维度。2017 年 12 月，教育部党组制定的《高校思想政治工作质量提升工程实施纲要》中明确指出了要构建"十大育人体系"，即充分发挥"课程、科研、实践、文化、网络、心理、管理、服务、资助、组织"等方面工作的育人功能。工作领域覆盖愈加完备，也意味着进一步细化了工作体系协同的方式与范畴。从高校落实课程思政的情况来看，育人协同的宏观落实可分为党委工作和行政工作；纵观落实可分为学校层面、院系层面；具体落实可分为教书育人、管理育人、服务育人、环境育人等。

其次，高校课程思政工作不仅是一个理论工作，还是一个实践性活动，协同策略的构建不仅具有顺应时代发展需要、维护意识安全形态、提升立德树人等效能，还具有很多现实意义。

二、实施新时代课程思政协同策略的基本原则

协同策略的构建并不是感性随意的设计和草率敷衍的推进。我们应需要遵循一定的原则，具体而言，主要有导向性原则、中心性原则和系统性原则。

(一) 导向性原则

导向性原则主要包含政治导向和实践导向。新时代高校课程思政协同策略构建所应遵循的政治导向，指协同策略的构建方向要始终与我国社会主义社会的主流意识形态、指导思想、发展要求相一致，要与我国社会主义大学的办学宗旨、教育理念相一致。要坚持马克思主义在意识形态领域的指导地位，要遵循党的领导和党的路线方针政策。虽然理论灌输在高校思政工作中占据主要位置，但是理论灌输对学生的教育还只是停留在观念层面，并不意味着学生在实际行动中会真正落实，因此构建高校课程思政的协同策略要充分发挥实践教学的重要作用。

(二) 中心性原则

中心性原则包含激发主体作用与遵循教育规律两个方面。坚持中心性原则，就是要充分发挥大学生的主动精神，建设属于大学生自己的协同育人策略，并促使建成的协同策略真正发挥作用，使青年学子不断提高自身的自主精神、创新精神和创造能力。要引导学生积极参与到协同策略的建设中来，在协同策略构建的过程中不断开动脑筋，养成善于思考的习惯，不断提高大学生认识问题、分析问题和解决问题的能力。习近平总书记在全国高校思想政治工作会议上强调："做好高校思想政治工作，要因事而化、因时而进、因势而新。要遵循思想政治工作规律、教书育人规律、学生成长规律。"这是做好思想政治工作的原则，也是高校实施文化育人的基本原则。协同策略的构建要着眼于尊重大学生成长规律。课程思政协同策略的构建不仅要满足学生发展，更要适应社会发展的主导需要，考查学生需要不仅要关注学生个体的发展规律与需求，更要把握社会发展的阶段、性质和规律性，与社会发展的要求相一致。

(三) 系统性原则

系统性原则要重点坚持有机协调和有效整合两个方面。要有效发挥协同课程思政的功能，必须坚持系统性原则，从协同育人的大局出发，将各个部门、各个环节、各个主体有机协调起来，形成一个有机的整体，避免出现割裂现象，促使各个要素共同发挥作用，从而使高校思想政治教育协同育人策略发挥最大的效应。这需要各要素之间互相配合、互相渗透、互相协作，使各个要素之间形成互补，发挥各个要素最大效应，形成良性互动，使各个要素能各自承担起协同育人的责任。要从整合各方面力量入手，将承载教书育人职能的第一课堂教学力量，承载管理育人职能的管理力量，承载服务育人职能的图书馆、学生公寓、安全保卫等服务保障力量，承载朋辈育人职能的学生组织等学生榜样的力量加以整合，那么思政工作的育人效果就更强。

三、新时代高校课程思政协同策略的实施

(一) 党委领导与行政部门落实协同

高校党委和行政部门应当形成落实课程思政根本任务的合力。在党委领导下的校长负责制下，党委领导是核心、是前提，而校长负责是关键、是保证。习近平总书记在全国高校思想政治工作会议上指出："办好我国高等教育，必须坚持党的领导，牢牢掌握党对高校工作的领导权，使高校成为坚持党的领导的坚强阵地。"确立党委在高校课程思政多元主体协同中的领导核心地位，是高校必须始终坚持的根本原则和政治方向。党委和行政部门要以解决思想政治工作中牵涉部门较多、影响范围较大的焦点性、瓶颈性问题为抓手，通过顶层设计，协同联动，构建起"大思政"格局，进而激发工作动能，形成各主体的育人合力。

(二) 学校主导与院系主抓相协同

从高校课程思政运行的过程来看，校院两级根据各自的功能和职责划分，共同

承担着课程思政的责任，因此要着力形成学校主导和院系主推的协同模式。在具体协同的过程中，课程思政的整体性设计与系统化推进的主导权必须在学校层面，学校要在做好顶层设计的基础上，将任务层层分解，为院系层面落实规划好推进的路径，同时学校还要发挥跨院系、跨学科的协同与衔接作用。学院要充分发挥自身的优势和特色，积极开展课程思政的探索与创新。

(三) "主渠道"与"主阵地"协同

习近平总书记在全国高校思想政治工作会议上强调："要用好课堂教学这个主渠道，思想政治理论课要坚持在改进中加强，提升思想政治教育亲和力和针对性，满足学生成长发展需求和期待。"总体来看，"主阵地"与"主渠道"的协同是高校落实课程思政根本任务协同机制的关键，同时是实现思政课教师队伍和日常思想政治教育队伍可持续发展的客观之需。实现协同，就是要实现两大系统以及系统之间各个要素的融合与共进，从而实现最优的状态与效能。

(四) 理想信念和形式政策内容协同

将理想信念教育与形势政策教育相协同，加强二者理论基础的一致性、产生本源的历史性、教育内容的客观性以及本质属性的阶级性和教育过程的实践性，加强各个维度的深度融合。从内容维度重点解决时效性问题，教育者要在二者的协同教育中加强对热点问题、复杂问题的分析与研判，做出合乎正确价值观的评判，形成宏观驾驭与微观把握能力，能够进行有针对性的引导和处理。要加强建设校园文化与师德师风，营造良好氛围，做好各类主题教育活动，把大学生日常生活与理想信念教育结合起来；结合现代信息技术和新兴媒体，去"升级换代"传统的教学方式和手段，根据时代所需，拓展教育平台，扩大大学生学习范围，掌握传播思想、舆论引导、社会监督等方面的主动权和话语权。从效果维度重点解决转换性问题，高校应遵循"知行合一"原则，注重在社会实践中引导和教育学生，培养学生的社会责任感和使命感，帮助他们坚定理想信念，树立起永久奋斗、勇于担当、奉献社会的思想意识和道德追求。

(五) 思政课程与课程思政相协同

课程是高校立德树人的基本载体，高校各门课程都具有育人功能，共同承担着立德树人的职责。注重各门课程育人功能的发挥，是做好高校思想政治工作，落实课程思政根本任务的客观需要。要基于立德树人的视角，使其他各门课程特别是哲学社会科学课程的丰富思想政治教育资源得到有效发挥，更好地承担"守好一段渠、种好责任田"的使命。充分从育人的本质出发，发挥思政理论课、专业课程的育人功能，逐步实现从"思政课程"单一的表现形式转向"思政课程"与"课程思政"相结合，实现思政理论课与其他课程同向同进。

课程思政实质上是一种课程观念，不是增开一门课，也不是增设一项活动，而是将高校思想政治教育融入课程教学和改革的各环节、各方面，实现立德树人润物无声。

高校思想政治工作在高校党的建设和人才培养方面均具有重要的作用，是保证党的教育事业顺利健康发展的重要举措，是社会主义教育事业发展的前提，是关乎高等教育事业方向性的大事。新时代的高校教师要加强课程思政相关理论的学习，从理论高度认识课程思政的重要意义，不断提升自身素质，自觉担当使命和责任，努力成为学生健康成长的指导者和引路人。

参考文献

习近平总书记在全国高校思想政治工作会议上强调：把思想政治工作贯穿教育教学全过程　开创我国高等教育事业发展新局面[N]. 人民日报，2016-12-09.

在高等数学的学习中
培养学生的三观

——数学观、数学学习观和人生观

王存荣

(齐鲁工业大学 数学与统计学院 济南 250353)

摘要： 大学中的每一门课程都是对大学生进行思想政治教育的重要平台，都会对大学生的成长和发展起着潜移默化的引领作用。高等数学是理工类大学生的必修课，高等数学教学不仅要传授知识，还要积极探索育人素材。通过学习数学史上第二次数学危机是如何产生和解决的，培养学生正确的数学观；通过比较《九章算术》和《几何原本》，构建学生积极的数学学习观；通过学习极限中的辩证法，树立学生正确的人生观。

关键词： 高等数学 数学观 数学学习观 人生观

2016 年，习近平总书记在全国高校思想政治工作会议上强调，高校思想政治工作关系高校培养什么样的人、如何培养人以及为谁培养人这个根本问题。要坚持把立德树人作为中心环节，把思想政治工作贯穿教育教学全过程，实现全程育人、全方位育人，努力开创我国高等教育事业发展新局面。大学中的每一门课程都是对大学生进行思想政治教育的重要平台，都会对大学生的成长和发展起着潜移默化的引领作用。高等数学是理工类大学生的必修课，在进行高等数学教学的过程中，我们不仅要传授知识，还要积极探索育人素材，培养学生正确的数学观、数学学习观和人生观。

一、培养学生正确的数学观

数学观，是指对数学的总体看法和认识。学生的数学观对其学习动机和情感态度、行为和策略、数学认知方式和过程都有着很大的影响。正确的数学观会激发学生的学习自觉性和主动性，构建积极的学习方式和认知方式，是学生学习数学的重要动力。通过学习数学史上的第二次数学危机是如何产生和解决的，可以帮助学生树立正确的数学观，提高学生的数学文化素养。

17 世纪的微积分是围绕下列 4 种类型的问题的解决而逐步建立起来的。

(1) 运动物体在任意时刻的速度和加速度，从而开展"瞬时变化率"的研究。

(2) 确定运动物体在其轨道上任一点处的运动方向(轨迹的切线方向)，研究光线通过透视镜的通道，从而提出求曲线的切线问题。

(3) 求炮弹的最大射程的发射角、行星离开太阳的最远和最近距离(即远日点和近日点)，从而开展函数极值的研究。

(4) 寻求行星运动轨道的曲线的长度，行星矢径扫过的面积(曲线围成的面积)、曲线围成的体积、物体的重心与引力计算，从而总结出一般积分方法。

在微积分的发展过程中，一方面是成果丰硕，另一方面是基础不稳固，出现了越来越多的谬论和悖论。数学的发展出现危机，并且这场源自数学内部的关于理论和方法的争论最终演变成了基督教哲学对微积分无穷小运算的一个批判运动。高扬这种批判大旗的代表人物就是著名的神学家贝克莱(Berkeley，1685—1753)。他对微积分强有力的批评，撼动了当时的数学界。

1734 年，贝克莱发表了《分析学者，或致一个不信教的数学家。其中审查现代分析的对象、原则与推断是否比之宗教的神秘与信条，构思更为清楚，或推理更为明显》，其矛头主要指向牛顿的流数法(求导的方法)。

牛顿在 1704 年发表了"曲线的求积"，并在其中确定了导数(他当时称为流数)。

我们把牛顿的方法意译如下。

当 x 增长为 $x+o$ 时，幂 x^3 成为 $(x+o)^3$ 或 $x^3+3x^2o+3xo^2+o^3$，它们的增量分别为 o 和 $3x^2o+3xo^2+o^3$。

这两个增量与 x 的增量 o 的比分别为 1 与 $3x^2+3xo+o^2$，然后让增量消失，则它们的最后比将为 1 与 $3x^2$，从而 x^3 对 x 的变化率为 $3x^2$。

贝克莱指责说，这个推理是不公正和不明确的。因为在这个推理中，先取一个非零的增量并用它进行计算，然而在最终却使 o "消失"，即令增量为零，得出结果。贝克莱指出这里关于增量 o 的假设前后矛盾，是"分明的诡辩"。

贝克莱对微积分基础的批评是一针见血、击中要害的，因而在当时的数学界引起了一定的混乱，学界称为第二次数学危机。

"真正的数学家总是同时在很大程度上也是一个艺术家，一个建筑师或一个诗人。数学家们还在现实世界之外依靠智慧创造了一个理想世界，后者虽然可以从前者领悟到，但数学家试图把它发展成为一个最完美的世界。"在数学家们的共同努力下，到 19 世纪末，分析的严格化问题得到了解决。柯西建立了严格的极限理论，魏尔斯特拉斯给出了"$\varepsilon-N(\varepsilon-\delta)$"定义，戴德金、康托尔等又将实数理论严密化。于是，分析有了严密的基础和完整的体系微积分学。由贝克莱悖论所引发的第二次数学危机宣告彻底结束了。在微积分创建 200 余年后，数学家们终于赢来了胜利之日。

无穷小引发的第二次数学危机及其解决能够使我们建立正确的数学观，使我们意识到数学不是一堆冷冰冰的符号，数学永远处于不断发展和完善的过程中。从这个意义上来说，数学是人类的发明；数学是最活跃的学科，因为它的力量就在于它永葆青春的活力；数学是一种探讨研究的方法，这个方法包括对所讨论的概念认真地下定义以及明确地给出一些用于推理的基础假设；数学是创造性的艺术，因为数学家创造了美好的新概念；在最广泛的意义上说，数学是一种精神，一种理性精神。正是这种精神，激发、促进、鼓舞和驱使人类的思维得以运用到最完善的程度。同时，我们应该树立动态的数学观，即数学不应简单地被等同于数学知识的汇集，而应被看作人类的一种创造性活动。也就是说，社会发展的需要和数学自身完善的需要是数学发展的两大动力，作为对两大需要的积极回应，数学家通过建构活动创造出数学对象。从这个意义上说，数学学习不应只是教师教授的单一过程，而应是学生在已有知识和经验的基础上主动建构的过程。并且由于数学的抽象性，数学学习中的主动建构往往需要反复多次，逐步深化理解。

二、树立学生积极的数学学习观

数学学习观是人们对数学本体的认识，是一个人的数学世界观，以及对数学和数学任务采用何种方式解决的观念。数学学习观决定了一个人的学习对象、学习方式和方法。具有正确的数学学习观是对数学进行深层学习的基础，是培养数学核心素养的途径。比较《九章算术》和《几何原本》可以激发学生的数学学习热情，树立积极、正确的数学学习观。

《九章算术》是中国古代第一部数学专著，其开始编写的年代尚不能确定，作者亦不可考证，但经过张苍(约公元前 200 年)和耿寿昌(约公元前 50 年)的整理，大体成为定本。这部书表述为应用问题集的形式，全书共收入 246 个问题，大多是生产、生活领域中提出的实际问题，每个问题有问有答，每一类问题还有算法("术")，全书共有 202 个"术"。全书共 9 章，各章的题目分别是方田、粟米、衰分、少广、商功、均输、盈不足、方程、勾股。《九章算术》不仅最早提到分数问题，也首先记录了盈不足等问题，在第 8 章方程中，更是首次阐述了负数及其加减运算法则。《九章算术》标志中国古代数学形成了完整的体系，《九章算术》是中国为数学发展做出的杰出贡献。但是，书中的问题解决方法依赖对算筹的操作，而算筹作为数字化的计算工具，却不能解决解析几何、高等代数和微积分的有关计算问题。

《几何原本》是古希腊数学家欧几里得的一部不朽之作，大约成书于公元前 300 年，全书共分 13 卷。书中包含了 5 个公设、5 个公理、23 个定义。按照欧氏几何学的体系，所有的定理都是从一些确定的、不需证明的公理演绎出来的。在这种演绎推理中，对定理的每个证明必须或者以公理为前提，或者以先前就已被证明了的定理为前提，最后得出结论，对后世产生了深远的影响。它标志着几何学已成为一个有着比较严密的理论系统和科学方法的学科。

但是，与《几何原本》中的其余的公设与公理相比，第五公设(同平面内一条直线和另外两条直线相交，若在直线某一侧的两个内角之和小于两直角，则这两条直线经适当延长后在这一侧相交)语言叙述冗长，没有公理、公设应有的直观性和自明性。从公元前300年到公元1800年的这两千多年的时间里，几乎所有有作为的数学家都在第五公设上投入了大量的时间和精力，希望能对第五公设做出新的叙述或者能对它进行证明，从而将其从公设中去掉。哲学家希望能由此进一步完善欧式几何的理想化地位，数学家则希望能使几何的逻辑演绎体系更加完美。事与愿违，时至今日第五公设仍然在《几何原本》中。

比较《九章算术》和《几何原本》，前者偏于应用，后者偏于理论；前者多用直觉思维，后者多用逻辑思维；它们都是人类智慧的结晶，都为数学的发展做出了贡献。因为在数学发展的历史长河中，数学机械化算法体系与数学公理化演绎体系曾多次反复互为消长，交替成为数学发展的主流。比较两本数学巨著，对学生树立正确的数学学习观有很大的启示。高等数学一般在大学一年级开设，这时，学生基本接触不到专业课，也体验不到高等数学像《九章算术》所具有的应用价值，只体验到高等数学像《几何原本》所体现的思维的严谨性和推理的严密性。事实上，数学不仅有其应用价值，还有其文化价值。

数学是打开科学大门的金钥匙，是科学的语言，是思维的体操，是理性的精神，是一门艺术。

伽利略在400年前曾指出，宇宙的奥秘写在一本巨大的书上，而这本书是用数学语言写成的。学习高等数学就是学习数学的科学语言，因为数学能以其不可比拟、无法替代的语言(概念、公式、法则、定理、方程、模型、图像、理论等)对科学现象和规律进行精确而简洁的表达。学习高等数学就要学会数学的思维，因为严密性、抽象性和创造性都是重要的思维品质，数学在促成人们形成这些思维品质中发挥着特别重要的作用。数学概念是思维的基本单位，是认识的起点，也是数学定理、法则等的基础和依据。学习高等数学，就要培养理性精神，因为数学文化不同于艺术、技术类的文化，数学文化属于科学文化，是一种理性文化。

三、树立学生正确的人生观

人生观，是对人生的根本看法和态度，是世界观在人生问题上的表现，包括人生需要、人生目的、人生评价、人生态度等方面，具体表现为公私观、幸福观、生死观、苦乐观、荣辱观、恋爱观等。大学阶段是树立正确人生观的最佳时机，每一门课程的学习都是树立正确人生观的重要途径。高等数学极限概念的学习可以帮助学生树立积极向上的人生观。

极限的概念及其计算是高等数学的基础，对极限概念的认识和把握是学习高等数学的关键。极限有数列极限和函数极限之分，现以数列极限为例，分析极限概念之中的辩证法。设数列 $\{x_n\}$ 收敛于常数 A，即 $\lim\limits_{n\to\infty} x_n = A$。由"$\varepsilon\text{-}N$"定义可分三步证明：第一步，给出任意正数 $\varepsilon > 0$；第二步，由不等式 $|x_n - A| < \varepsilon$ 求出与 ε 对应的时刻 $N(\varepsilon)$；第三步，依定义的模式写出结论。在这三步中蕴含了一些丰富的唯物辩证法内容，具体如下。

(1) ε 具有二重性：相对固定性与绝对任意性。如果 ε 没有相对固定性，就不能对不等式 $|x_n - A| < \varepsilon$ 进行常量数学中的代数运算(即算术运算)，也就求不出 $N(\varepsilon)$。如果 ε 没有绝对任意性，就不能由不等式 $|x_n - A| < \varepsilon$ 反映变量 x_n 无限接近于常量 A。因此，在证明变量 x_n 以常量 A 为极限的过程中，ε 的二重性体现了事物的相对静止与绝对运动的辩证关系。

(2) 变量 x_n 中的每个固定的 x_n，无论它的序号有多大，它总是常量 A 的近似值。只有当 n 无限增大时，近似值才能转化为精确值。这不仅体现了近似与精确的对立统一规律，也体现了量变质变规律。

(3) 在 $n \to \infty$ 的过程中，n 依次取 $1, 2, 3, \cdots, n, \cdots$ 时，可得到一串数 $x_1, x_2, x_3, \cdots, x_n, \cdots$，反映了 x_n 的变化过程，极限 A 的取得，是无限变化的结果。每一个 x_n 都不是 A，反映了过程与结果相对立的一面；取极限使 x_n 转化为 A，反映了过程与结果相统一的一面。过程决定了结果，结果体现了过程。$\lim\limits_{n\to\infty} x_n = A$ 体现了过程与结果的对立统一规律。

极限概念包含了相对静止与绝对运动的辩证关系，包含了从量变到质变的发展规律，也包含了过程与结果的对立统一规律。使用辩证法，我们就可以解释割线的位置的变化所引起的质的变化——切线；就可以解释平均速率的变化所引起的质的变化——瞬时速度；就可以解释矩形面积和的变化所引起的质的变化——曲边梯形的面积。

认识了极限概念所蕴含的量变质变规律，我们对"勿以恶小而为之，勿以善小而不为"的人生哲理会有更深的理解。在生活、学习和工作中，不要因为好事小而不做，更不能因为坏事小而去做。小善积多了就成为利天下的大善，而小恶积多了则"足以乱国家"。

学习极限概念所蕴含的辩证法，主要是让学生树立辩证思想，提高学生解决学习和生活中实际问题的能力，比如如何面对挫折的问题。

什么是挫折？挫折就是阻碍、干扰或阻断个体朝向某一目标行进的动作以及由这些动作所引起的情绪状态。挫折一词包括两层含义：一是妨碍自身达到期望值的外部环境；二是自身行为受阻时的心理状态。挫折感是一种消极的情感体验，大量的专业调查结果和媒体报道表明，大学生的心理健康状况明显低于全国的平均水平，有明显挫折感的异常者竟占 18.58%。大学生社会阅历较少，在面对挫折时，容易意气用事，没有正确的认知也是他们产生挫折心理从而导致极端行为的重要原因。事实上，大学生应该运用辩证思维，端正对待挫折的态度。首先要让大学生认识到挫折存在的必然性。大学生会面临学业方面的挫折、不良的人际关系产生的挫折、家庭贫困产生的挫折、恋爱问题产生的挫折、理想与现实的差距产生的挫折等。挫折普遍存在，每个人都会遇到。当自己面对挫折时，不必感慨别人为何如此幸运，与其悲叹不幸，还不如积极调整心态，冷静面对现状，积极思考对策战胜它。其次，要让大学生认识到挫折是一把双刃剑。既有消极的一面，也有积极的一面。从消极方面来看，挫折会损害大学生的身心健康，引发心理疾病，降低学习效率和思维水平，甚至由于自身承挫力的低下导致最终走上违法犯罪的道路。从积极方面来看，挫折磨炼了人的意志和性格，增加了生活的阅历和智慧，提高了大学生的适应能力和分析问题、解决问题的能力。

参考文献

[1] 王存荣，房元霞，王艳华. 文化视角下的第二次数学危机[J]. 新课程研究(职业教育)，2007(4)：77-80.

[2] 郑毓信，王宪昌，蔡仲. 数学文化学[M]. 成都：四川教育出版社，2005.

[3] 韩雪涛. 数学悖论与三次数学危机[M]. 长沙：湖南科技出版社，2006.

[4] 郑毓信. 数学教育哲学[M]. 成都：四川教育出版社，2001.

[5] 伍志鹏，吴庆麟. 初中生数学学习观调查研究[J]. 数学教育学报，2011，20(2)：26-29.

[6] 马忠林，王鸿钧，孙宏安，等. 数学教育史[M]. 南宁：广西教育出版社，2001.

[7] 吴文俊. 关于研究数学在中国的历史与现状：《东方数学典籍及其刘徽注研究》序言[J]. 自然辩证法通讯，1990(4)：39-41.

[8] 王存荣. 数学的文化价值和高等数学教育[J]. 新课程研究(中旬刊)，2007(2)：9-12.

[9] 顾明远. 教育大辞典[M]. 上海：上海教育出版社，1998.

[10] 张国楚，秦翠娥. 极限概念中的唯物辩证法[J]. 山西师大学报(社会科学版)，1994(1)：5-8.

[11] 卢晓玉，柯德森. 大学生参与网络游戏情况及对学习的影响调查与分析[J]. 科教导刊(上旬刊)，2018(1)：190-192.

[12] 袁希. 挫折教育与大学生犯罪原因探析[J]. 重庆大学学报(社会科学版)，2017(4)：138-143.

[13] 甄志勇. 在高校开展挫折教育的研究与实践[J]. 思想政治教育研究，2014，30(6)：106-108.

[14] 王小宁. 大学生挫折承受力现状调查与思考[J]. 教育与职业，2015，1(28)：67-68.

工程教育背景下课程思政教学模式的研究与实践

王明禄

(齐鲁工业大学 机械与汽车工程学院 济南 250353)

摘要： 在工科专业课程教学中引入"课程思政"教学模式，可有效解决工程教育认证对我国传统的高等教育模式提出的新挑战。然而，现行"课程思政"教学中存在着一系列问题，通过分析问题及其形成的原因可得出"课程思政"教学的注意事项和实践路径。最后，文章以"材料力学"课程为例，为工程教育背景下高校"课程思政"的教学改革提供了可借鉴的设计思路和理论依据。

关键词： 课程思政 德融课堂 工程教育 教学改革

"课程思政"，是指专业课程教师在各类非思想政治教育课程的教学过程中有意识、有计划、有目的地设计教学环节，营造思想政治教育氛围，将专业课程涉及的道德规范、思想认识和政治观念融入教学过程，使学生成为符合国家发展要求的合格人才的教育教学理念。"课程思政"，是将高校思想政治教育融入专业课程教学的各环节，实质上是一种课程理念，而不是增开一门新课。"融合性"是"课程思政"最突出的特点，该理念一经提出，便得到广泛的认可，尤其成为高等学校教育工作者探索和研究的热点。正因如此，有的高校在实施过程中亦称之为"德融课堂"，例如齐鲁工业大学 2015 年颁布《齐鲁工业大学关于落实立德树人要求，开展"德融课堂"工作的意见》，鼓励和指导教师开展"德融课堂"教学。

工程教育专业认证已经成为工程教育质量保障的重要机制，也是实现工程教育国际和工程师资格国际互认的重要基础。"职业道德"与"社会责任感"是工程教育认证标准要求的主要能力之一，而在传统高等教育模式中的"思政课程"已经不能充分支撑该方面的相关指标。因此，在工科专业的专业基础课和专业课中教学环节中引入"课程思政"教学模式，能够有针对性地应对工程教育专业认证对我国传统高等教育模式的挑战。

一、"课程思政"教学改革的必要性

(一) "课程思政"是满足工程教育认证要求的有效途径

在高等教育传统教学过程中，任课教师以知识传授为出发点，而学生则以掌握知识甚至考试及格为出发点，工程教育认证理念的提出要求教师和学生都要从工程的角度转变思想观念，重新审视自己所从事的工作。以机械设计制造及其自动化专业为例，工程教育认证通用标准 12 项毕业要求，包括工程实践能力、工程与社会、环境和可持续发展、职业道德与社会责任感、终身学习等，这些能力不是通过某一门或几门专门的课程就能培养出来的，而"课程思政"教学理念的提出在很大程度上补充了传统"思想政治教育课程"以及"专业课程"的不足，很好地解决了这个问题。因此，在工程教育背景下，设立"课程思政"教学，对高校培养符合国家发展需要的合格毕业生显得尤为重要。

(二) "课程思政"是高校教育理念变革的需求

学科和专业分化是科学发展的必然需求，但是，这并不意味着可以对育人目标整体性产生误解，否则就容易出现很多问题，如自然科学与人文社会科学相互分离，同专业各门专业课程出现衔接问题，甚至相互掣肘；学生不能够学以致用，更不要提服务社会，等等。当前，高校中普遍存在的一个现象是：理工科学生对人文社会科学不屑一顾，人文社会科学学生普通缺乏科学思维。随着科学的发展和人类认识的进一步深化，跨学科交流、多专业间合作及交叉学科的渗透已经成为常态。"课程思政"的提出和实施可以成为一种培育学生精神信仰、塑造学生完善人格的必要手段，它可以涵盖并有机融于高等教育的整个过程和各个层面。应当深入挖掘各类专业课程的思想政治教育资源，在传授专业知识过程中有机融入思想政治教育，使学生在学习专业知识的同时，自觉加强思想道德修养，并认清自身应承担的社会责任。

(三) "课程思政"是隐性思想政治教育的有效手段

在工程教育背景下，高校思政工作的特点呈现出高度复杂性，对教师、学生、授课内容和教学方法都提出了新的要求，单纯依靠传统思想政治教育课程很难适应当前工程教育的需求和立德树人的目标。因此，专业课程教师需要结合实际情况，充分挖掘和提炼所授课程的思想政治教育资源，将思想政治教育贯穿于整个专业培养计划的教学过程，构建适应工程教育标准要求的大思想政治教育格局。相对于思想政治理论课程本身具有相对固定的显性思想政治教育特点，"课程思政"蕴含的是隐性育人知识和内容，只要充分挖掘和利用，就可成为不可或缺的重要资源和独特优势。例如，学科历史和专业实践中的鲜活的教育资源更具有生动性和说服性。另外，从社会发展的需求、教育的本质以及工程教育认证的要求来看，思想政治教育是所有课程本身应包含的内容和任务，而不能仅仅依赖传统思想政治教育课程。只有各专业任课教师深刻认识工程教育背景下高等教育的本质需求和终极目标，并充分挖掘和利用每门专业课程所具有的隐性教育资源，将"课程思政"有机融入本科教学的整个过程和各个环节，才能满足工程教育认证和社会发展的需求。

(四) "课程思政"是思想政治教育的本质要求

思想政治教育的最终目的是实现社会的进步和人类的自由全面发展，这就要求现行教育一方面要不断满足学生的精神需求，以实现人类的全面综合发展，另一方面要最大程度地实现社会资源和力量的整合，以促进人类社会进步和发展。但是，改革开放以来，随着中国经济全球化的推进和各种不同文化思潮的冲击，人们的思想变得日益多元化，因而摆在教育者面前的一个新课题就是如何在多元中求统一，在多样性中求主导，为社会主义现代化建设保驾护航，最终实现社会的进步和人类的自由全面发展。因此，在保证传统思想政治教育课程的根本地位和创新发展的同时，应不断挖掘和利用各门专业课程的思想政治教育资源，鼓励和引导专业课程教师积极开展"课程思政"教学的探索与实践。

二、"课程思政"教学中存在的问题

(一) 学校对"课程思政"缺乏政策导向

在当前市场经济背景下，部分高校为了提高竞争力，为了所谓的"排名"，非常重视教师的学历及科研能力，却偏离了高等教育的初衷，弱化了教师的本职工作；通过评价和职称晋升等方面的评价指标，考核教师的考察科研情况，出现对教师考核重科研而轻教学、偏重考察教师的论文发表和项目经费等情况，甚至将教师教学质量的评价简单化为对教学工作量的数量考核，将教学工作量视同教学质量。在这种"重科研轻教学"的政策导向下，高校各专业的对培养方案是否合理，执行是否到位等教学环节的检查流于形式，对"课程思政"教学的支持和鼓励更是无从谈起。

(二) 教师对"课程思政"缺乏正确认识

"课程思政"作为一种新的思想政治教育工作理念，注重在"受业"中"传道"，让"冰冷"的专业知识承载"鲜活"的思想价值，在专业知识传播的同时对学生进行思想政治教育，真正做到"春风化雨"和"润物无声"。目前，这种"课程思政"的教育理念尚未在高校教师中形成广泛共识，更没有转化为高校专业课程教师的自觉行为。教师缺乏正确认识主要有下几种情况。

一是，部分专业课程教师在思想认识上对思想政治教育重视不足。部分专业教师认为其职责就是把专业知识传授给学生，思想政治教育仅属于思想政治教育课程教师的工作职责范围。甚至个别专业课程教师标榜所谓的"学术自由"，在课堂上说一些不负责任、误导学生的话语，产生了严重的负面影响。

二是，部分专业课程教师在理解上有偏差，自身教学水平有待提高。部分专业课程教师虽然认同"课程思政"的教学理念，但是在实施过程中，思想上不够重视、理解上有偏差或者自身教学水平有待提高等限制，使得课堂上思想政治教育内容的引入显得唐突而牵强，游离于专业知识之外，不能做到有机融入，这就很难引起学生的共鸣，甚至引起学生的反感，使得这些教师在教学实践中知识传授与价值引领严重脱节，在专业课堂上没有呈现思想政治教育内容，"课程思政"更是无从谈起，甚至连专业知识的教学效果都受到影响。

三是，任课教师不能做到"知行合一"，使得"课程思政"的教学效果大打折扣。对学生进行思想政治教育，不仅仅是简单的课堂上言语的说教，更需要任课教师在行为上作表率。如果一名教师不能够做到"身正为范"和"知行合一"，即使课堂上讲的内容再精彩，也无法使学生信服，"课程思政"的教学效果更无从谈起。

(三) 学生对"课程思政"认可度不高

"课程思政"教学改革成功与否最终体现在学生的认可和接受程度上，最终要以其对大学生实际的价值体验与在形成世界观、价值观和人生观上起到多大的作用为检验标准。"课程思政"教学改革在实施过程中，由于学校政策导向偏差和教师认识不足、教学水平不足等，"课程思政"的功能与作用无法充分发挥，使得学生对该种教学方式认可度不高，甚至产生抵触情绪，引起学生共鸣更是无从谈起。因此，应采取有效措施，提高学生的专业认知程度，激发学生的专业学习兴趣。

三、"课程思政"教学改革的实践路径

(一) 制度保障，激励和引导教师开展"课程思政"教学

在"课程思政"教学改革过程中，理念诞生了，思路清晰了，最终能否实施或有好的实施效果，还要靠学校层面的制度来保障和落实。学校层面的保障机制主要

体现在以下三个方面：首先，建立责任明确的管理体制。学校、教务处与相关职能部门、各二级学院要明确义务，落实责任，形成一个完整的管理闭环链条。学校党委应担负起主体政治责任与领导责任，教务处应加强对各类课程授课情况的引导、督促、考核，确保"课程思政"落实到位，人事处、宣传部、学工部、组织部等职能部门是关联责任单位，肩负着从不同工作角度支撑体制机制建设的职责，各二级学院都是直接责任单位，肩负着开发挖掘本学院负责课程育人功能的职责。其次，制定科学的激励约束和评价机制。将"课程思政"机制建设与实际实施效果纳入各部门、二级学院和任课教师的考核指标体系，将其作为重要指标加以考核和激励。最后，加大对专业课程教师的培训力度，完善相关师资培训机制。专业课程教师是"课程思政"教学改革的最终实施者，能否取得预期效果取决于专业课程教师的育人意识、职业素养和教学能力。注重和加强包括专业课程教师在内的全体教师的思想政治工作培训，提升教师的思想政治教育意识与职业素养，并将其全方位融入"课程思政"教学的各个环节，激励和引导广大专业课程教师担负起"传道"与"受业"的责任，成为学生的学业导师和人生导师，帮助学生全面发展。例如，齐鲁工业大学先后于 2015 年和 2016 年发布《齐鲁工业大学关于落实立德树人要求，开展"德融课堂"工作的意见》和《齐鲁工业大学"德融课堂"实施方案》，在工作量计算、年度考核以及职称评审等方面给予政策倾斜，鼓励和指导教师开展"德融课堂"教学。

(二) 教师重视，提升自身综合素质

教师是"课程思政"教学改革的执行者，更是"课程思政"教学质量提升的决定因素。在师资队伍建设方面，专业课程教师必须具有较强的思想政治教育意识、专业使命感和职业能力，才能确保"课程思政"教学的实施质量与效果。为了提升自身综合素质，专业课程教师应从以下几个方面做出努力：一，专业课程教师应坚持学习党的方针政策与重大决策、政治理论，坚持学习中国优秀传统文化知识，注重专业知识、科研积累和思想认知的同步提升，将对学生的知识传授与价值引领相结合，能自觉将思想政治教育与专业教学贯穿于教育教学的整个过程；二，采取多

重途径强化对本学科、本专业内在价值、本身使命和社会价值的深入认知，认清和增强自身的社会使命感和责任感；三，学校也应提供多种途径和平台，加强思想政治教育课程教师与专业课程教师的交流与学习，帮助教师组建多学科背景互相支撑、良性互动的课程教学团队，从根本上解决专业教学与思想政治教育无法真正融合的问题。专业课程教师要对"课程思政"进行理论研究和学习，形成符合实际和可操作性强的理论体系，以便指导解决专业课程设置、教材建设、培养方案及教师评价体系等一系列教学过程中遇到的实际问题。

(三) 精心设计，提高"课程思政"教学质量

课堂教学过程是"课程思政"教学实施的关键环节。专业课程教师应着重考虑课程理念的选择，根据实际学情确定课程目标、教学方法以及课程评价体系，将思想政治教育元素贯穿融合于课程实施全过程。其具体应包含以下几个方面：一，密切关注和掌握实际情况，随时关注实际教学过程中出现的新情况和新问题，密切关注学生的实时思想状态和生活实际，一切教学环节的设计以学生的真实情况为出发点，选择合适的知识点融入恰当的"思政案例"，对学生开展思想政治教育。二，任何一门专业课程都能也应该深入挖掘"课程思政"教学所需的思想政治教育案例，在实施过程中坚持知识传授与思想引领的有机结合，注重情感与态度的共鸣，使"传道"与"受业"能够有机结合，同步进行。三，恰当的教学方法可以显著提高"课程思政"的教学效果，根据学习进阶理论，"学生对某一主题的概念学习需要分阶段(或者学段)进行，每一阶段对该概念的学习都是在前一阶段的基础上进行加深或延展"。因此，选择恰当的教学方法不仅要考虑教学内容的特点和要求，还要考虑学生的学习规律、接受能力及实际思想状况。四，对于一名教师来说，课堂教学的结束并不意味着教育活动的终结，每门课程的课时有限度，但真正的教育应该贯穿在个体成长与发展的全过程。除了课堂教学，学生所处的各种客观社会环境也可作为"课程思政"的教育素材。

(四) 思想政治教育，身教大于言传

培养高素质的人才需要"德才兼备"的高质量教师队伍，在"课程思政"教学过程中，专业课程教师必须做到"知行合一"，对学生进行思想政治教育不仅仅是课堂上简单的言语说教，更需要任课教师在行为上作表率，只有做到这一点，才能让学生信服，教师的言语和说教才有力量。教师的表率作用可从小的细节做起：比如，提前 10 分钟到教室、授课资料齐全、课前关闭手机等。如果专业课程教师能够做好这些小的细节问题，就可以向学生传达一种信息，即"我是在认真对待这堂课"，学生从老师的行为中潜移默化地学习到认真做事的态度，真正实现"润物细无声"的教育效果。再如，处理突发事件要有预案。在实际授课过程中，不可避免地会发生一些突然状况，例如教室突然停电、U 盘或电脑故障、学生手机突然响起、督导组专家来督导听课、学生大声说话或吃东西等。能否正确处理这些突发状况，可以反映出一位教师的教学能力和教学态度，任课教师对这些突发状况的处理方法和态度都会在无形中对讲台下的学生产生影响，这些也应该包含在"课程思政"的范畴之内。

四、"课程思政"教学设计实例

下面将机械设计制造及其自动化专业的专业基础课程"材料力学"作为"课程思政"教学设计的实例进行介绍。为了适应工程教育专业认证的需要，学校制定了该专业的专业目标，根据"材料力学"课程的教学要求，确定该课程的课程目标有三条，如表 16-1 所示。在进行该门课程的"课程思政"教学设计之前，任课教师必须对专业目标、课程目标、教学内容充分掌握，分析每一个知识点的特点及与专业目标与课程目标的关系，有针对性地融入恰当的"课程思政"教学内容。表 16-1 说明了"材料力学""课程思政"教学内容设计的相关情况。从表 16-1 可以看出，其根据每一章知识点的特点，融入了相应的思想政治教育主题。

表 16-1 "材料力学""课程思政"教学内容设计

专业目标	材料力学课程目标	专业教学内容	"课程思政"教学内容
培养具有良好的人文科学素养和创新意识,具备系统的机械科学与工程的基础理论、机械设计制造及其自动化专门知识,从事机械结构、装置和装备的设计,采用合理的工艺和方法制造相关部件,将机、电、液、气专业知识综合应用于机械系统设计工作的高素质工程应用型人才	① 能准确理解材料力学的基本概念和定理,正确把握杆件的强度、刚度和稳定性问题,具有明确的基本概念、必要的基础理论知识,为后续课程及工程实践提供所必要的理论知识和解决方法 ② 通过对材料力学的学习,要求具备比较熟练的计算能力、理论分析能力、实验能力、抽象思维能力,使学生能够解决机械工程领域中的力学问题 ③ 通过对材料力学的学习,使学生树立正确的设计思想,理论联系实际,解决好经济与安全的矛盾,并具备一定的创新精神	第 1 章 绪论	社会责任感教育
		第 2 章 轴向拉伸和压缩	自我修养和情商培养
		第 3 章 扭转	
		第 4 章 弯曲内力	社会责任感教育
		第 5 章 弯曲应力	挫折教育
		第 6 章 弯曲变形	
		第 7 章 应力状态和强度理论	唯物辩证法和矛盾论
		第 8 章 组合变形	发现问题、解决问题能力的培养
		第 9 章 能量法	
		第 10 章 超静定结构	唯物辩证法和矛盾论
		第 11 章 压杆稳定	社会主义核心价值观教育

以第 7 章应力状态和强度理论为例,其讲述材料力学的一般理论,任课教师普遍认为该章相对其他章节较难设置"课程思政"环节。该章的授课时间节点在每年5 月 1 日前后,时间接近马克思诞辰纪念日,同时考虑到该章内容特点,所以设计以纪念马克思诞辰为主题开展"课程思政"教学,在讲授完相关的专业知识点以后,以"德融寄语"的形式向学生展示和开展思想政治教育,具体内容如表 16-2 所示。

表 16-2 "材料力学"第 7 章教学内容设计

专业教学知识点	德融寄语
广义胡克定律的多种表现形式	马克思主义认为,矛盾的表现形式是多样的,同一事物,在不同的条件下可以表现出不同的形式,在解决问题时,我们要追根溯源,去伪存真,抓住事物的本质

(续表)

专业教学知识点	德融寄语
广义胡克定律的含义，即同一方向的应变由多个方向的应力引起	马克思主义认为，世界万物是联系的，并且这种联系是客观的、多样的、普遍存在的；我们要善于发现这种联系，由此及彼，去伪存真，以便更好地认识和改造世界
多个不同特点的例题都考察了相同的知识点，解题思路一致	尽管形式上变化多端，但其本质或目的不变；因此，事物发生变化时，我们要注意观察其变化，探究其根本，做到处变不惊，方可立于不败之地
四种强度理论的应用范围和条件	世界上没有放之四海皆成立的真理，每一个所谓正确的结论或理论都有它适用的范围和限制条件，因此，我们在解决问题时，必须懂得变通，对具体问题进行具体分析

总之，仅仅依靠传统思想政治教育课程教学已经无法满足工程教育认证通用标准对学生提出的各项毕业要求，专业课程教学中引入"课程思政"教学可有效解决这个问题。然而现行"课程思政"教学中存在学校缺乏政策导向、教师缺乏正确认识、学生认可度不高等一系列问题。通过分析上述问题形成的原因，可得出"课程思政"教学改革的注意事项和实践路径。学校应该加强政策导向激励和引导教师开展"课程思政"教学改革和实践，教师应提高重视程度，加强自身学习提升综合素质，精心设计"课程思政"以提高教学质量，并做到"知行合一"，起到表率作用。

参考文献

[1] 习近平总书记在全国高校思想政治工作会议上强调：把思想政治工作贯穿教育教学全过程 开创我国高等教育事业发展新局面[N]. 人民日报，2016-12-09.

[2] 何红娟. "思政课程"到"课程思政"发展的内在逻辑及建构策略[J]. 思想政治教育研究，2017，5(33)：60-64.

[3] 张彦通，韩晓燕. 美、德两国工程教育专业认证制度的特色与借鉴[J]. 中国高等教育，2006(2)：60-62.

[4] 中国工程教育专业认证协会秘书处. 工程教育认证标准解读及使用指南(2018版)[Z]. 2018.

[5] 王孝如，王立仁. 思想政治教育的本质是政治信仰教育[J]. 思想教育研究，2015(10)：13-16.

[6] 高德毅，宗爱东. 课程思政：有效发挥课堂育人主渠道作用的必然选择[J]. 思想理论教育导刊，2017(1)：31-36.

[7] 孙影，毕华林. 科学教育中学习进阶的开发模式研究述评：以 ChemQuery 评价系统为例[J]. 全球教育展望，2015，44(8)：104-113.

思想政治教育的加法原理及其实践应用

任庆银

(齐鲁工业大学 政法学院 济南 250353)

摘要: 高校做好思想政治教育工作,既要发挥思政课程的主阵地作用,也要发挥课程思政的协同作用,还要另辟蹊径,发挥学校和其他教育机构等组织内部的全员以及其他资源的作用,让道德教育的各个方面起"聚合效应",让思想政治教育的各种主体形成"教育合力",这是思想政治教育的加法原理。只有运用好思想政治教育的加法原理,打破育人过程中各种力量"各自为政"的局面,才能达到铸魂育人的目的,才能完成高等学校立德树人这一根本任务。

关键词: 思想政治教育 加法原理 聚合效应 教育合力

立德树人是教育的根本任务。新时代我国学校和其他教育机构都必须完成好这一根本任务。2019年3月18日,在全国学校思想政治理论课教师代表座谈会上,习近平总书记提出,思政课要"用新时代中国特色社会主义思想铸魂育人"。"立德"与"铸魂"都少不了思想政治教育,其落脚点都是为了提高受教育者的思想道德素质。思想政治理论课(简称思政课)是学校和其他教育机构对受教育者进行思想品德教育的主平台、主阵地,担负着对青少年进行思想政治教育的主要任务。思政课作用大,思政课教师责任更大,但思想政治教育不是思政课教师的独角戏。做好思想政治教育工作,既要充分发挥思政课程的主平台、主阵地、主渠道的作用,也要发挥课程思政的协同作用，同时还要另辟蹊径，发挥学校和其他教育机构等组织内部的全员及其他资源的作用。

一、高校思想品德教育的状况

没有调查就没有发言权。只有准确了解受教育者思想品德教育的状况，教育机构和人员才能有的放矢，做好教书育人工作。

(一) 大学生的思想品德教育状况

为了提高研究的可信度，笔者开展了问卷调查。问卷的设计是基于贴近大学生的真实、贴近大学生的生活和贴近大学生的心灵的理念，即问卷立足于思想品德教育中的道德认知、道德情感、道德行为三大要素。调查样本是从一所地处中等城市的普通本科院校与一所地处省城的重点大学选择的，发放问卷 500 份，有效问卷 481 份，有效率达 96.2%。通过对问卷的统计分析，我们从中可以看出大学生思想政治教育中的德育状况。

1. 社会公德行为表现良好

社会公德教育效果总体不错，在"公共场合不随便吐痰""公共场合不乱扔垃圾""随手关灯""严格遵守学校纪律""礼貌待人，不说脏话""不破坏花草树木"等方面，大学生能做到的概率都能过半。"图书馆里看完书放回原处""公交车上主动让座"在大学生中的占比在九成以上。在"网络文明用语"方面，有六成以上的大学生选择了"要看聊天对象"这一项，真正不注重网络文明用语的只近 6%。由此可以看出，大学生的社会公德行为表现还是很理性的。

2. 道德情感认同谨慎乐观

在为大学生道德情感认同调查而设计的选项中，表示"班集体获得荣誉时会与大家一起激动开心""对于见义勇为而受伤的同学会表示敬佩""对于奥运会在中国成功举办无比自豪"的选项比例都超过六成，只是"乐于参加社区服务与公益劳动"的比例不高，只占三成多，但"不是很有激情，却依然参加"的却占到六成。这说明大学生在道德情感上更趋于理性，同时也说明大学生公德教育的效果不够理想，大学生道德升华的后劲不足，如表 17-1 所示。

表 17-1　大学生的道德情感认同状况

	为班级获荣誉而激动开心/%	敬佩见义勇为的举动/%	为奥运会在中国举办感到骄傲自豪/%	乐于参加社区服务/%
比例	74	64	69	35

3. 道德认知不容乐观

从我们对问卷的分析看，在涉及道德认知方面的"课桌文化""书包占座""公共场合的恋人亲热行为"等题目中，大学生的认知较到位。总体而言，大学生的道德认知情况为基本合格，但仍不容乐观。例如，针对"考试作弊"这一校园发生率较高且屡禁不止的情况，从表 17-2 中可看出，大学生的认知存在明显偏差，功利主义思想导致学生道德判断的混乱，势必对学生的人生观塑造产生不良效果。这对我国的思想政治教育提出了新的挑战。

表 17-2　大学生对考试作弊问题的看法

	反感/%	没感觉/%	可以理解/%
比例	30	38	32

(二) 教师实施教育状况

1. 思政课教师的教学

有人将思政课教学中普遍存在的问题总结为"三低"，即思政课教师队伍准入门槛低、学生学习积极性低、思政课趣味性低。这些反映出思政课教师队伍建设还不尽如人意。在思政课教学实践中，教师往往只注重道德知识的灌输，而忽视思想困惑的解释和道德行为的培养，这就是人们常说的"讲起来重要，但做起来不重要"的问题，这样导致道德知识与道德行为相脱节。思政课趣味性低，学生的积极性调动不起来，"低头一族"随即出现，极大地降低了思政课教学的效率。实践教学是思政课教学的重要环节，但在实际教学活动中，这一环节流于形式的现象较为普遍。即使有这一环节，也存在教学形式单一、学生参与度低、实践效果不够等问题。

2. 专业课教师的教学

目前，不少高校在学生教育和管理方面仍沿袭辅导员负责制。高校辅导员要将大学生"迎"进来，开展新生建档立卡；还要将大学生"送"出去，就业政审，传送档案；平时要全面负责学生的德育、管理、安全、奖助等各方面工作，承担学生的综合考评、评优树先、入党提干、素质拓展、奖励救助、课外活动、日常生活等工作，而专业课教师的工作仅在于承担其分内的教学和科研工作，业务忙，时间紧，工作压力大，与学生接触较少，无法全面了解学生的需求，学生对教师的意见也无法及时反馈给教师。这就导致高校学生培养工作中的教书与育人"一体两翼"的格局被割裂开来。

二、高校思想政治教育加法原理的逻辑理路

立德树人、铸魂育人，落脚点都是人。儒家思想认为：圣人之道，必有教化。董仲舒将教化喻为堤防，认为如若堤防毁坏，必然导致奸邪痈溃，刑罚不能胜任。实行教化的方法是"立大学以教于国，设庠序以化于邑"。通过广泛的教化引导、宣传教育，使得受教育者能够"贵孝弟而好礼义，重仁廉而轻财利"。

在教育实践中，首先要弄清楚教学活动是追求教育本位，还是追求知识本位。笔者认为，教学的原点与追求在于教育本位。各类教育教学活动都是如此。新时代的思想政治教育工作要服从育人的根本要求，要服务于育人的根本任务，要解决好"培养什么人、怎样培养人、为谁培养人"的根本问题。新时代中国特色社会主义教育事业，培养的是有理想、有道德、有文化、有纪律、有担当的时代新人。我们

知道，道德指向是多维性的，既有政治维度，也有社会维度，更有生活维度。思想政治教育的内容涉及情感情操教育、理想信念教育、思想品德教育、伦理观念教育、形势政策教育、法制规范教育等。因此，道德教育不应是单一性的。如果我们的思想政治教育仅是为了政治指向，而放弃社会及生活等其他指向，那样的教育是"偏执"的，是"不近人情"的，是不合常理的，也是不符合大学生成长规律的。大学生的和谐成长，是与家庭、学校、社会共享生命成长的渐进过程，是一个多维和复杂的过程。作为主导成长的道德，除了外部各方面的"输入"教育外，更为重要的是要有一种有利于道德成长的良好生态。因为道德教育的根本目的，就在于培养人们的道德品质，而道德品质是由道德认知、道德意志、道德信念和道德习惯等"组成"的道德素质"综合体"。因此，道德教育就需要在道德知识、道德理论、道德典范、道德实践、道德环境等各个方面起"聚合效应"。在教育过程中，要追求教育本位，就应抛弃各部门、各学科的"门第"观念，适时对受教育者开展思想政治教育，打破思想政治教育各种力量"各自为政"的局面。思政课教师队伍、专业课教师队伍、辅导员队伍和其他管理人员等各方面的教育主体一起行动起来，齐抓共管，群策群力，形成"教育合力"。思想政治教育的加法原理正是在这一逻辑基础上提出和形成的。

教育是有温度的。在教育教学活动中，教师应用其仁爱之心温暖受教育者的恻隐之心、羞恶之心、恭敬之心、是非之心，使心与心相印，以使他们修成仁义礼智的德行。小学、中学、大学应分别侧重于学生的素质、知识的获取和能力的培养，这也符合教师传道、受业、解惑三个方面的功能。传道侧重于对受教育者基本素养和人格的塑造，教会他们做人的基本道理，对他们的世界观、人生观、价值观进行启蒙教育，塑造他们的性格、品德，为他们的人生奠基，引领他们走上人生的正确道路。受业，主要指传授知识，在中学时期，自然科学、哲学、人文社会科学的知识都要通过教师的系统教学向学生进行传授，让受教育者在获取各类科学知识的同时，进一步增强对世界的正确认识，具备认识世界和改造世界的零散方法和初步能力。在大学阶段，教师应侧重对学生分析问题、解决问题能力的培养，要使学生掌握系统的科学方法，要让他们具备独立思考和自己动手的能力，要及时帮助他们解疑释惑。教师不仅要在知识、能力方面帮助他们，还要在思想方面帮助他们，对他们进行理论阐释，排解他们思想上的疑惑。鉴于在不同的教育阶段其教学的侧重点不同，教学过程、教学模式、教学方法在不同的阶段就应该有所区别。而我国的教学，小学、中学、大学的教学模式大同小异，基本上都是知识的"灌输"。教学工作怎样才能有所为？这是一个历久弥新的话题，运用好思想政治教育的加法原理，可以起到事半功倍的效果。

对受教育者的培养，每一个教育阶段、每一个教育环节，德育教育都不可缺位。做好受教育者的思想政治教育工作，课堂内与课堂外要紧密结合起来，发挥课堂内的主阵地作用；教育者与受教育者要紧密结合起来，发挥教育者的主导作用；思政课程与课程思政密切协作起来，发挥思政课教师队伍主力军的作用，调动专业课教师协同思政的积极性，推动思想政治教育工作暖起来，让思想政治教育的内容热起来，实现思想政治教育的根本性跨越和历史性变革。

三、加法原理在高校思想政治教育中的应用

科学的教育理念应该是教育即生活。学校思想政治教育工作是在学生的"拔节孕穗期"做育苗扶正的工作，是在人生成长期扣好人生第一粒"扣子"的工作。新时代的思想政治教育工作要围绕培养受教育者的爱国情怀、政治认同、法治理念、公共精神来开展，教育工作者要引导青年人自觉"把爱国情、强国志、报国行融入坚持和发展中国特色社会主义事业、建设社会主义现代化强国、实现中华民族伟大复兴的奋斗之中"。运用好思想政治教育加法原理，就是要利用好各种教育资源、发挥好各类教育力量的作用，将思想政治教育融入学生的生活里，融入各个教学环节中，为思想政治教育加点"料"、为思想政治教育队伍助把"力"。

(一) 加法原理在思政课上的应用

1. 思政课教师要与受教育者双向交流，让教化入脑入心

学校和其他教育机构是学生涵养个性、碰撞智慧、培养能力、培育友谊的地方。在这里，学生要使个性得到涵养，教育不可千篇一律，要鼓励个性张扬；课堂上大家要有秩序地畅所欲言，让课堂成为智慧碰撞的前沿阵地，让智慧的火花四溅；培养学生做人、做事的基本能力，让学生获取可持续发展的动力，为学生的人生奠基；培育友谊，在这里能够缔结良师益友，体现出人的社会性，为学生走向社会铺路。

2. 思政课教师要启发引导学生，让他们悟出道理

习近平总书记在全国学校思政课教师代表座谈会上要求，要推动思政课改革创新，坚持思想政治教育课程的政治性和学理性、价值性和知识性、理论性和实践性、统一性和多样性、主导性和主体性、灌输性和启发性、显性教育和隐性教育等多方面的统一。大学生的思想政治教育要因人而异、因时而异，因课制宜、因势利导。教育主管部门和高等学校要推动大学德育和大学思想政治教育的一体化建设，促进大学思想政治教育课教学的质量提升和内涵式发展。

3. 思政课要用好红色资源，实现教育以点带面

红色资源是开展思想政治教育的珍贵资源，要用好红色资源，传承红色基因。譬如，山东省是有着光荣革命传统的一方热土，有着丰富的红色教育资源，红色精神在齐鲁大地代代相传。山东省的教育主管部门顺势而为，推出"同城共上一堂课"的"同城大课堂"，是很有特色、很有效果的思想政治教育活动。这一活动是山东省委教育工委、山东省教育厅贯彻落实习近平总书记重要讲话精神，在思想政治教育方面推出的一项改革举措。具体做法是，山东各地结合本地的近现代重要历史事件、历史人物，组织驻地学校思政课优秀教师集中专题授课，开展现场教学，使思政课更贴近真实、贴近生活、贴近心灵，提高了思想政治教育的思想性、针对性和感染力。在济南市，"五三惨案"作为"同城大课堂"活动的主题，惨案旧址成了全市大

中小学生接受思想政治教育的校外课堂；在威海，"甲午国殇"作为"同城大课堂"活动的主题，甲午战争博物馆成了全市大中小学生接受思想政治教育的校外课堂；在青岛，"青岛与五四运动"作为"同城大课堂"活动的主题，青岛一战遗址博物馆成了全市大中小学生接受思想政治教育的校外课堂；等等。"同城大课堂"能够由点到面，很好地达到爱国主义教育的目的和思想政治教育的效果。

4. 思政课要发挥非正式组织和软件建设的作用

在教学活动中，思政课教师应在正式班级教学组织的基础上，较好地发挥非正式组织的作用，构建柔性灵活的基层教学组织和矩阵式结构的虚拟教学组织。同时，也要发挥软件建设的作用，注重培育积极向上的班级组织文化，提高思政课班级的文化软实力。

(二) 加法原理在课程思政中的应用

高校教师都经历过学校教育阶段，都接受过思想政治教育，可以言传身教，现身说法。在后喻文化时代，教师要做的首要之事应该是以德服人。一个好的教师，可以将自身作为良好的道德范本，是学生的一笔精神财富和无尽的人生宝藏。学生生涯里的每一位老师，都应是这样的角色。

1. 高校专业课教师要在专业课程中融入思想政治教育因子

在专业课教学中增加思想政治教育的成分，这是思想政治教育加法原理的最大应用。高校要落实好立德树人根本任务的实现路径，要把思想政治工作寓于教育教学中，实现全面育人。高校专业课教师要主动立德修为，以德立学，以学立教，履职尽责，守好一段渠、种好责任田，以构建全面育人格局的形式将各类课程与思想政治理论课同向同行，尝试德融教案、德融课堂，与思政课教师队伍形成育人协同效应，尽心尽力完成"立德树人"的根本任务。

德融教案、德融课堂是课程思政很好的实践形式。在化学课上，把化学中的聚变反应用于大学生的凝聚合作；在管理学课上，把管理学的基本原理、基本方法和管理的基本功能引入大学生教育管理实践中；在公共关系学课上，把公共关系中对"真善美"的追求应用于大学生的教育培养中，等等。要充分发掘学科的积极健康教育因素，充分运用各种载体，将学生的思想政治教育渗透于学科教学之中。教学过程中，各专业课教师要注意发掘自身的人格魅力和本学科的积极教育因素，有效开展丰富多彩的心育活动，注重学生学习兴趣的激发，注重对学生创造性思维和好奇心的鼓励和引导，帮助学生体验到学习成功的快乐，提升大学生的道德品质。

2. 专业课教师："一桶水"再加"一团火"

教育是有温度的。夏丏尊说过，没有水就不成其为池塘，没有爱就不成其为教育。苏霍姆林斯基也说过，学校里的教育是师生之间每时每刻都在进行的心灵的接触。为了让听课者接受，讲授者应接受他们的反馈，以听者为中心进行思考。开展思想政治教育，教师应"心中有学生"，要有一副热心肠，既要有对教育事业的满腔热爱，也要有对学生的一颗仁爱之心，让课堂充满活力。

在前喻文化时代，教师要想给学生一碗水，教师必须有一桶水，这是就知识的传授而言的。在后喻文化时代，教师在教书育人过程既要传授知识，又要立德树人，仅有一桶水，即使是一汪清泉也是不够的，教师还要用"一团火"将学生求知的欲望、成才的激情、报国的梦想"点燃"，用教师的激情、真情点燃学生的奋发向上之火，激起学生爱党、爱国、爱人民、爱社会主义的热情，激发学生爱探究、爱学问、爱科学、爱智慧的欲望，培养他们的法治理念、公共精神、爱国情怀、人间情愫。通过这种融会贯通式的教育，融情感于教育教学过程中，变单线的知识灌输为双管齐下，让学生在学到知识和技能的同时，也受到心灵的启迪，情感的升华。

3. 专业课：小课堂与大课堂结合

学校里面的课堂是小课堂，社会是一个大课堂，要将学校的小课堂与社会的大课堂有机地结合起来。高校学生的未来是社会。高校教师要帮助学生搞好学业与就业的关系，要为他们的未来奠基。高校要适当提高大学生的实践课分量。专业课教师要按照培养计划和教学大纲开好、上好学生的实践课。一般而言，高校社会实践活动课包括实践课Ⅰ和实践课Ⅱ。实践课Ⅰ是认知实践学习，是专业学习与实际岗位的初步对接。实践课Ⅱ是社会调查，是大学生对所学理论在实践中的初步练兵。让大学生在实践中受教育，在实践中锻炼成长，这是大学育人过程中不可或缺的环节。

(三) 开展"互联网+"思想政治教育

网络这块阵地，我们不去占领，别的意识形态就会去占领。高校思想政治教育工作必须加强网络阵地建设，要善于利用新媒体手段启迪学生的心灵，传递正能量，传播好声音，让真善美内化于学生的精神世界。

高等学校开展"互联网+"思想政治教育，要优化大学生网络思想政治教育环境，构建包括学校网络思政教育目标、教育原则、教育内容、教育途径、教育方法等内容在内的全面的学校网络思想政治教育体系。创新大学生网络思想政治教育模式，充分挖掘和创设包括网络思政主体资源、信息资源、媒介资源等在内的大学生网络思政教育资源。创新网络思政管理机制，理顺并协调好思政教育过程中施教与受教的主客体关系。

(四) 开展全员思政教育，开创"大思政"工作格局

首先，要有积极的教师。教师具有更为积极看待世界的正确方法，具有乐观的态度，具有积极健康的情绪，具有社会责任感，具有仁慈善良之心，具有爱的能力，对大学生积极心理品质的形成能起到潜移默化的作用。

其次，要有积极的学校。良好的校园心理氛围，有利于大学生的道德成长。积极的学校能够使教师与学生关系融洽，同学之间相互关心、相互帮助、相互爱护，这对学生良好心理品质的形成是具有积极意义的。积极的校园心理氛围可以使学生更加自信，更加快乐。积极的校园环境可以帮助学生在困境中学会适应，在逆境中学会勇敢、坚强，学会积极生活。

最后，要有积极的团委。高校团委要成为大学生课外活动指导中心。学生社团的发展，能极大地改变高校团委的内部组织架构和基层组织体系，以及社团代表大

会(或社会联合会)和日常管理机构，成为基层团组织、学生会、研究生会类似的联系青年学生的组织。高校团委通过社团联合会管理几十甚至几百个小社团组织开展活动，覆盖大多数学生，成为名副其实的"枢纽型"组织。学生社团的发展，也为高校团委工作向专业化青年工作发展创造了条件。高校通过整合社团活动、社会实践活动、公益活动、创新创业活动，建立"第二课堂"成绩单制度，能够极好地达到对学生道德教育的目的。

四、结语

针对我国当前不同层级德育教育的现状，运用思想政治教育的加法原理，让道德教育的各个方面起"聚合效应"，打破思想政治教育各种力量"各自为政"的局面，形成"教育合力"，达到铸魂育人的目的，完成立德树人的根本任务。我们并不否认，思想政治教育中也需要做减法，与加法原理相对的应该是减法原理。譬如，课内要缩(小)"水"(课)，教师要少讲精讲，减少低水平的授课，减轻学生机械记忆的负担等，但这不属于本文探讨的话题，故不在此处论述。

参考文献

[1] 习近平主持召开学校思想政治理论课教师座谈会强调：用新时代中国特色社会主义思想铸魂育人 贯彻党的教育方针落实立德树人根本任务[N]. 人民日报，2019-03-19.

[2] 班固. 汉书•董仲舒传[M]. 北京：中华书局，2016.

[3] 董仲舒. 春秋繁露•为人者天[M]. 郑州：中州古籍出版社，2010.

[4] 赖明谷，等. 道德教育的加法原理及其应用研究：基于对江西不同层类学校调查数据的分析[J]. 教育学术月刊，2013(5)：7-11.

[5] 武文菲. 建构主义理论视域下高校课程思政实效性探讨[J]. 高教学刊，2019(6)：155-157.

[6] 教育部社会科学司. 普通高校思想政治理论课文献选编(1949—2006)[M]. 北京：中国人民大学出版社，2007.

[7] 何玉海. 关于"课程思政"的本质内涵与实现路径的探索[J]. 思想理论教育导刊，2019(10)：130-134.

[8] 何洪兵. 论高校思想政治理论课坚持主导性与主体性相统一[J]. 学校党建与思想教育，2019(13)：35-38.

以"四个正确认识"引领
新时代高校思政工作

贾利静 李楠 游荃

(齐鲁工业大学 马克思主义学院 济南 250353)

摘要：习近平总书记在全国高校思政工作会议上提出了"四个正确认识"，即正确认识世界和中国发展大势，正确认识中国特色和国际比较，正确认识时代责任和历史使命，正确认识远大抱负和脚踏实地。"四个正确认识"既为新时代青年学生健康成长发展指明了方向，也对高校思想政治工作提出了新的更高要求。新形势下，强化青年学生对"四个正确认识"的理解和践行，是加强和改进高校思政工作的新内容和着力点，有助于青年学生准确把握中国所处的历史方位和发展阶段，从而坚定理想信念，增强民族自信，强化责任担当意识，培养务实笃行品质。

关键词：四个正确认识 课程思政 新时代

新时代青年承担着实现中国梦的历史使命，高校思想政治教育工作任务艰巨而重大。习近平总书记在全国高校思想政治工作会议上提出"四个正确认识"，即教育引导学生正确认识世界和中国发展大势，正确认识中国特色和国际比较，正确认识时代责任和历史使命，正确认识远大抱负和脚踏实地。强化青年学生对"四个正确认识"的理解和践行，是新形势下加强和改进高校思政工作的新内容和着力点。

一、深化理解"四个正确认识"是对新时代高校思政工作的科学把握

新时代催生新理论，新征程昭示新未来。深化"四个正确认识"，是对新时代大学生思想政治教育工作要求的深刻把握，高校思想政治教育工作者要突出时代主题，抓住着力点，才能承担起"培养担当民族复兴大任的时代新人"的历史使命。

(一) 找到了实现中华民族伟大复兴的立足点

"历史和现实都告诉我们，青年一代有理想、有担当，国家就有前途，民族就有希望，实现中华民族伟大复兴就有源源不断的强大力量。"青年是全面建成社会主义现代化强国，实现中华民族伟大复兴的生力军和主力军。高校思政工作的任务就是教育青年、引导青年、凝聚青年，培养担当民族复兴大任的时代新人，立足点就是教育引导青年全面认识外部世界，把握中国特色，不忘初心，牢记使命，敢于实践，勇于创新，让中华民族伟大复兴的中国梦在青年的接力奋斗中变为现实。"四个正确认识"正是要求青年学生自觉把个人理想与国家前途、民族命运、人民幸福融合在一起，从而敢于有梦、勇于追梦、勤于圆梦，为实现共产主义远大理想和中国特色社会主义共同理想而奋斗。

(二) 加强了新时代高校思想政治工作的着力点

"四个正确认识"是以习近平同志为核心的党中央提出的治国理政新理念、新思想、新战略，是中国特色社会主义教育思想的新发展。习近平总书记从世界眼光、中国情怀、时代特征三个维度，立足世情、国情、党情、社情，透视历史、现实和未来，科学回答高校要"培养什么样的人、如何培养人以及为谁培养人"这一根本问题，并提出教育引导大学生加强"四个正确认识"，进一步明确高校思想政治工作的目标、原则与方向。"四个正确认识"层层递进、环环相扣，构建了新时代高校思政工作的新内容，深化"四个正确认识"，有助于青年学生树立崇高理想、增强民族

自信、强化责任担当、坚定爱国情怀，从而提高思想政治教育工作的针对性和实效性。

(三) 指明了新时代青年学生的健康成长方向

"对于思想文化的阵地，马克思主义不去占领，非马克思主义必然会去占领。"目前，高校大学生多为"95 后"，他们朝气蓬勃、视野开阔，是可爱、可信、可贵、可为的一代，但也应看到他们正处于价值观的形成和确立期，价值观的养成十分重要，需要加以正确引导。"四个正确认识"正是面对新形势新使命提出来的，是提高青年学生思想水平、政治觉悟、道德品质和文化素养的切入点，是实现"真学、真懂、真信、真用"的保证。从世界眼光维度，需要坚定理想信念的青年；从爱国情怀维度，需要坚持民族自信的青年；从时代特征维度，需要创新笃实的青年。"四个正确认识"指导青年学生系好人生的第一粒扣子，在思想观念、价值取向上站对立场，坚定道路自信、理论自信、制度自信、文化自信，从而增强对中国特色社会主义的思想认同、理论认同和情感认同。

二、全面领会"四个正确认识"的内涵

深刻理解"四个正确认识"的内涵，有助于青年大学生准确把握中国所处的历史方位和发展阶段，从而坚定理想信念，增强民族自信，强化责任担当意识，培养务实笃行品质。

(一) 正确认识世界和中国发展大势，坚定理想信念

正确认识世界和中国发展大势是"四个正确认识"的逻辑起点。马克思主义认为，世界是普遍联系的整体，当今的世界是开放的世界，中国的发展与世界的发展是互为促进的。习近平总书记强调："如果我们对世界发展大势认识不清，甚至茫然无知，就难以把握时代的脉搏，我们的事业就难以有新的开拓。"正确认识世界和中国发展大势，必然要把握"两个必然性"。

1. 认识和把握人类社会发展的历史必然性

为揭示人类社会发展规律，马克思、恩格斯站在唯物史观的高度，在《共产党宣言》(以下简称《宣言》)中指出："资产阶级的灭亡和无产阶级的胜利是同样不可避免的。"《宣言》深刻揭示了资本主义必然灭亡和社会主义必然胜利的历史发展趋势，科学预测了共产主义这一新的社会形态。封建社会代替奴隶社会，资本主义代替封建主义，社会主义经历一个发展过程后必然代替资本主义。对于所谓的"社会主义过时论""共产主义渺茫论"等意识形态的偏见，应敢于正面发声，让学生认识到人类社会的发展规律是不以人的意志为转移的，要理性看待中国在世界上所处的历史方位。

2. 认识和把握中国特色社会主义发展的历史必然性

中国特色社会主义是马克思主义基本原理同中国实际相结合的最新成果，历史和现实证明，改革开放开辟了中国特色社会主义新境界，"中国特色社会主义，是科学社会主义理论逻辑和中国社会发展历史逻辑的辩证统一，是根植于中国大地、反映中国人民意愿、适应中国和时代发展进步要求的科学社会主义，是全面建成小康社会、加快推进社会主义现代化、实现中华民族伟大复兴的必由之路。"这条道路是不平坦的，充满了不确定性。面对新形势、新考验，应引导学生树立中国特色社会主义共同理想和共产主义远大理想，理解中国特色社会主义发展之路是历史的选择、人民的选择，辩证看待中国特色社会主义发展的必然性和曲折性，从而夯实理想信念，看清时代发展大势，与历史同步伐，与时代共命运。

(二) 正确认识中国特色和国际比较，增强民族自信

正确认识中国特色和国际比较是"四个正确认识"的关键环节。按照辩证法的观点来看，中国与世界的关系是特殊性和普遍性的统一，只有正确认识中国特色和国际比较，把中国放在整个世界格局中，才能全面客观地认识中国和世界。

1. 正确认识中国特色

历史证明，没有一个国家是完全照搬他国的成功模式而走向成功的，必然要根据本国特色，走出一条适合本国特点的发展道路。中国特色社会主义是理论逻辑和历史逻辑的辩证统一，是马克思主义基本原理同中国实际相结合的产物，具有鲜明的理论特色和实践特色，是历史和人民的选择。中国特色社会主义坚持科学社会主义基本原则，根植于民族悠久的历史文化，始终彰显着中国特色、中国风格、中国气派。宣传阐释中国特色，要讲清楚每个国家和民族的历史传统、文化积淀、基本国情不同。要让青年学生认识到，自鸦片战争以来，中国的历史命运与世界密不可分，实践证明，只有中国特色的社会主义才能救中国，新中国也只有在根据本国独特的历史文化传统，突出鲜明的民族特色，立足我国将长期处于社会主义初级阶段的国情，借鉴国外发展经验，继续坚定不移地推动改革开放，才能走出一条独具中国特色的建设发展之路。

2. 正确认识国际比较

目前，有些西方国家大肆鼓吹所谓的"普世价值观"，对社会主义国家进行攻击并实行"和平演变"。对此，应教育学生树立客观理性的态度，培养学生辩证思维、系统思维、战略思维、创新思维、底线思维、法治思维等思维方式，提升其明辨是非的能力，从而明确人类社会发展是多样性的统一。历史和现实告诉我们，中国要发展，必须顺应世界发展潮流。要树立世界眼光、把握时代脉搏，要把当今世界的风云变幻看准、看清、看透。要引导学生正确看待国际形势，明确世界正处于并将长期处于资本主义与社会主义共存阶段，既要坚定共产主义理想信念，也要"求同存异"，认识到中国和世界是"命运共同体"，在国际环境下谋求共同发展。

(三) 正确认识时代责任和历史使命，强化责任担当意识

马克思说："作为确定的人，现实的人，你就有规定，就有使命，就有任务。"正确认识时代责任和历史使命是"四个正确认识"的价值旨归，大学生要增强使命

感和责任感，把个人理想融入社会理想，努力为中华民族的伟大复兴而奋斗。

1. 正确认识时代责任和历史使命

自五四运动以来，青年就肩负着改变国家前途命运的历史责任，推动着社会的变革，青年学生积极投身于中国特色的社会主义现代化事业，为祖国的繁荣强大和民族复兴做出了巨大贡献。青年强则国强，青年兴则国兴。广大青年要深刻了解近代以来中国人民和中华民族不懈奋斗的光荣历史和伟大历程，坚定不移跟着中国共产党走，勇做走在时代前列的奋进者、开拓者、奉献者。当下，时代赋予青年学生的历史责任和使命，是树立与时代同心同向的理想信念，即坚持和发展中国特色社会主义，坚定"四个自信"，做到与祖国同呼吸、共命运，为实现中华民族的伟大复兴而不懈奋斗。

2. 将个人理想融入民族梦想

马克思主义认为，个人理想与社会理想是统一的，个人的成长成才离不开社会提供的发展舞台，社会的繁荣发展也离不开每个个人的"合力"。当代青年学生作为中国特色社会主义建设的中坚力量，正好参与了实现"两个一百年"奋斗目标的伟大历史进程。对于当代大学生来说，只有将个人理想融入国家、民族的事业，将个人发展与人民的幸福、国家的前途、民族的命运相结合，才能真正实现价值，才能最有力量。中国梦的舞台为大学生的成长提供了发展空间，大学生只有在实现中国梦的伟大复兴中发挥个人才能和智慧，把小我融入祖国、人民的大我之中，才能更好地实现个人梦想，彰显个人价值。教育大学生要为国家和民族建功立业，将个人的成长成才与中华民族伟大复兴的中国梦结合起来，用青春梦点燃中国梦，用中国梦来激扬青春梦，使青春梦在中国梦里熠熠生辉、绽放异彩。

(四) 正确认识远大抱负和脚踏实地，培养务实笃行品质

远大抱负和脚踏实地是"四个正确认识"的实践指向。理想与现实、远大抱负与脚踏实地是密不可分、相辅相成的。远大抱负强调的是理想目标，脚踏实地突出

的是务实作风，大学生既要仰望星空，又要脚踏实地，树立"梦想从学习开始、事业靠本领成就"的观念，把理想抱负落实到实际行动中去。

1. 坚定理想信念

理想是人类特有的精神现象，是人类区别于动物的显著特征，集中体现着人的目标和理想信念。因此，理想是人类行为的方向标和动力源，决定着其行为方式和行为深度。理想指引人生方向，信念决定事业成败。没有理想信念，就会导致精神上"缺钙"。最富有朝气和梦想的青年学生是实现伟大中国梦的生力军，因而要引导学生树立报国之心、立业之志，坚定共产主义理想和中国特色社会主义信念，把个人的崇高理想与国家、民族的命运联系在一起，点亮理想的灯，照亮前行的路，为中国特色社会主义事业奋斗不息。要让学生认识到，唯有这样的人生，才是有意义、有价值的人生。

2. 练就过硬本领

实践是理论的基础，是检验真理的唯一标准。青年人正处于学习的黄金时期，应该把学习作为首要任务，作为一种责任、一种精神追求、一种生活方式。理想若只停留在主观领域，只能沦为空想，必须付诸行动，把理想转化为现实，才能成就伟大事业。青年学生要求得真学问，练就真本领，必须把远大抱负付诸行动，不驰于空想，不骛于细节，脚踏实地，一步一个脚印地前行。这就要求引导新时代大学生把握好理想与现实的张力，既要探索事物的客观发展规律，追求真理，又要发挥主观能动性，勇于实践，做到"力学笃行、注重实践、学以致用"，把自己的成长根植于祖国的沃土，练就报效祖国、服务人民的过硬本领。

三、深化理解"四个正确认识"的路径选择

习近平总书记在全国高校思想政治工作会议上指出，思想政治工作就是做人的工作，在实际工作中，一切要以人的建设为根本。新任务、新时期、新形势下做好

高校学生思想政治工作，要把"四个正确认识"作为切入点和着力点，对大学生进行精准教育和引导，做到因事而化、因时而进、因势而新，提高思想政治教育的亲和力和针对性。

(一) 发挥课堂育人主渠道的作用

用好课堂主渠道，是对新形势下高校思想政治工作提出的新要求，是以习近平同志为核心的党中央治国理政新理念新思想新战略的重要实践，是做好高校思政政治工作的新论断、新命题。高校思想政治工作者要遵循思政工作规律、教书育人规律、学生成长规律，紧紧围绕课堂教学主渠道，使思政课在改进中加强，创新中提高，满足学生的成长需求。

1. 充分发挥思想政治理论课的主渠道作用

伴随互联网时代的到来和"碎片化"信息的涌动，各种不良信息扑面而来，给大学生思想政治教育工作敲响了警钟。因此，要从战略高度认识课堂主渠道发挥的作用，用马克思主义占领思想政治教育的阵地。加强理想信念教育，带领学生深入学习习近平新时代中国特色社会主义思想，坚定中国特色社会主义的道路自信、理论自信、制度自信，从而正确认识世界和中国发展大势；加强中华优秀文化教育，把"四个正确认识"同中华优秀文化相结合，推动中华优秀文化融入课堂，加强中华优秀传统文化教育、革命教育和社会主义先进文化教育，坚定文化自信。同时，要引导学生树立"人类命运共同体"观念，扎根中国大地文化，借鉴人类文明优秀成果，从而正确认识中国特色和国际比较；把社会主义核心价值观融入教学育人过程中，引导学生正确认识时代责任和历史使命，树立正确世界观、人生观和价值观，把远大抱负落实到实际行动，勇做时代的奋进者、开拓者。

2. 发挥其他课程的协同育人功能

要用好课堂教学这个主渠道，各类课程都要与思想政治理论课同向同行，形成协同效应。高校思想政治工作关系着"培养什么样的人、如何培养人、为谁培养人"

这个根本问题，思想政治教育仅仅依靠课堂"主渠道""主阵地"是不够的，需要其他课程同向同行的合力作为补充。高校要把立德树人作为中心环节，坚持全员、全过程、全方位育人，开启"课程思政"建设，把思想价值引领贯穿各门课程全过程和各环节，打破思想政治理论课的孤军作战困境，使所有课程均能"守好一段渠，种好责任田"，润物细无声地融入科学精神、人文关怀、理性思维等，形成思政课的协同效应，推动"思政课程"向"课程思政"拓展，实现"全课程大思政"。

高校课堂教学更具有基础性和系统性，是高校思想政治教育的主渠道。发挥课堂教学主渠道的作用，就是抓住了育人的主要矛盾，切实把社会主义核心价值观要求、中华民族伟大复兴理想、时代赋予的责任担当融入各类课堂教学之中，实现课堂教学的因事而化、因时而进、因势而新。

(二) 重视新媒体渗透育人的作用

新媒体催生了新的文化生产方式和传播方式，渗透到了大学生学习生活的方方面面，使他们的思想观念、行为规范、价值取向发生了根本性变化。要运用新媒体新技术使思想政治工作活起来，推动思想政治工作传统优势同信息技术高度融合，增强时代感和吸引力。如何运用互联网等新媒体、新技术加强和创新高校思想政治工作，这是高校面临的新课题。

1. 更新理念，增强传播力

人在哪里，思政教育的工作重点就在哪里。高校要主动适应互联网发展的新变化，善于利用新媒体新技术，发挥其数字化、交互性、实效性等独特优势，使之成为青年学生获取知识和信息的重要平台，潜移默化地影响学生的思维方式、价值观念和行为规范，渗透到学习、工作和生活的各个方面，推动思政工作的"线上互动"，构建网络思政教育的新格局。

2. 更新内容，增强吸引力

选择符合社会主义核心价值观的主流意识形态、主流思想、主流声音，使其占领网络思想政治教育教育主阵地，增强思政工作的时代性和感召力。同时，注意寓教于乐，选择更加符合学生实际需求的内容，引导大学生关心世界和国家发展大势，关心时代责任和历史使命，化"被动"为"主动"，使思政工作真正"活起来"。

3. 更新话语体系，增强感染力

在新媒体环境下，高校要构建具有时代气息的话语体系，才能赢得更多学生的认可。一方面要学会使用"网言网语"。将"四个正确认识"等这样的理论术语与现实话语有机结合，把抽象术语表达简单化生活化，力求用讲故事的方式引导网络舆论和传达信息。另一方面，对网络热点进行有针对性的回应。抓住学生的关注点、兴奋点和需求点，做到正确研判和引导，确保新媒体工作平台符合学生所想、所需、所求，增强思政工作的感染力。

(三) 强化"第二课堂"实践育人的作用

实践育人作为培养大学生成长成才的重要载体，是课堂教育教学的延伸和有益补充，具有课堂教学不可替代的作用。广大青年要以国家富强、人民幸福为己任，胸怀理想、志存高远，积极投身中国特色社会主义伟大实践，并为之终生奋斗。

1. 坚持协同育人，增强整体效能

实践育人是一项系统工程，既要协同多个育人主体，还要融合多方面育人内容，避免"各自为战"，降低社会实践的思想政治教育效果。因此，各部门要整合资源，梳理现有实践育人资源，围绕第二课堂进行整体设计，协同配置实践育人体系，形成实践育人合力。

2. 优化实践环节，整体推进各项具体工作

各部门要统筹协调好第一课堂、第二课堂在内容衔接、作用发挥、学生参与等方面的设计安排，注重资源整合，避免交叉重复。不断拓展实践育人基地，鼓励青年学生参加科技创新、社会调查、生产劳动、社会服务、学习参观等活动，以增强对现实的了解，找到理想与现实的差距，正确认识远大抱负和脚踏实地的关系，从而规划自己的成才目标和方向。

3. 深化实践育人理论研究，指导实践育人活动

在马克思主义的指导下，梳理实践育人经验，丰富实践育人理论，及时反馈指导实践育人活动。要坚持问题导向，结合时代特征，密切关注实践育人工作中的规律性、前沿性问题，着力研究提升实践育人科学化水平的方法和载体，以提升实践育人的实效。

青年学生若要获得真学问，练就真本领，"既要读万卷书，也要行万里路"。把高校思想政治教育中的抽象内容转化为具体实践活动，通过社会全方位的实践教育和锻炼，让大学生受教育、长才干、做贡献，从而珍惜韶华、奋发有为。

综上，在新形势下，进一步加强和改进高校思政工作，不仅事关高校"培养什么人、如何培养人、为谁培养人"这个根本问题，也事关中国特色的社会主义事业是否后继有人的问题。"四个正确认识"不仅内涵丰富，而且逻辑贯通，环环紧扣，从历史到现实，从国际到国内，从社会到个人，从理想到实践，构建了新时代思想政治工作的新内容。新时代赋予新使命，高校思政教育工作者要把"四个正确认识"作为着力点，引导大学生担当起建设社会主义现代化强国的重任，让中华民族伟大复兴在青年奋斗中梦想成真。

参考文献

[1] 青年有理想有担当 国家就有前途有希望——习近平给华中农大"本禹志愿服务队"回信勉励青年志愿者以青春梦想用实际行动为实现中国梦作出新的更大贡献[N]. 中国青年报，2013-12-06.

[2] 顾海良. 马克思主义如何改变世界[M]. 北京：中国人民大学出版社，2013.

[3] 习近平. 关于建设马克思主义学习型政党的几点学习体会和认识[N]. 今日中国论坛，2009(11)：11-12.

[4] 本书编写组. 马克思恩格斯文集第二卷[M]. 北京：人民出版社，2009.

[5] 邓小平. 邓小平文选第三卷[M]. 北京：人民出版社，1993.

[6] 习近平. 习近平谈治国理政[M]. 北京：外文出版社，2014.

[7] 习近平. 习近平党校十九讲[M]. 北京：中共中央党校出版社，2014.

[8] 本书编写组. 马克思恩格斯全集第三卷[M]. 北京：人民出版社，1960.

[9] 习近平. 在同各界优秀青年代表座谈时的讲话[EB/OL]. [2013-05-05]. http://cpc.people.com.cn/n/2013/0505/c64094-21367227.html.

[10] 《十谈》编写组. 加强和改进新形势下高校思想政治工作十谈[M]. 北京：人民出版社，2017.

[11] 曹文泽. 让高校思想政治工作活起来[N]. 人民日报，2017-02-13.

[12] 不忘初心，牢记使命[N]. 新乡日报，2017-10-30.

[13] 冯刚. 思想政治教育创新发展的四个着力点[J]. 教学与研究，2017(1)：24.

[14] 冯刚. 实践育人创新发展的理论思考和实现路径研究[J]. 学校党建与思想教育，2017(8)：11.

高等院校理工类专业课程德育资源体系化开发研究

葛爱冬 孙凯 张迎春

(齐鲁工业大学 电气工程与自动化学院 济南 250353)

摘要： 高等院校理工类专业课程门类众多，其中蕴含着丰富的德育元素，德育价值巨大。开展课程思政，就要动员广大专业教师，全面挖掘提炼专业课程中的德育材料，形成体系化德育资源。系统化开发需要遵循注重历史传承和体现时代脉搏相统一、高举信仰旗帜和贴近现实生活相统一、体现民族特性和把握世界文明相统一、把握整体性和区分层次性相统一等 4 个原则，提炼出由哲学基础、家国情怀、科学理性、奋斗励志、创新思维、道德修养、职业素养、心理健康、审美情趣等德育元素组成的资源体系。

关键词： 课程思政 专业课程 德育资源 体系化开发

一、理工类专业课程德育资源体系化开发在课程思政中的意义

我国有教书育人的优良传统，韩愈在《师说》中提出，"师者，所以传道受业解惑也"。专业教学中应实现德育和智育的统一，两者是融为一体、密不可分的。中华人民共和国成立后，受苏联教育思想和办学模式的影响，以及我国发展工业的迫切

需要，高等院校全面实行分科制，思想政治教育成为一门专门的课程。随着改革开放的不断推进和高等教育的改革深化，教育观念的不断更新和进步，单纯依靠思想政治教育理论课和思想政治工作者的弊端日趋明显，已经不能适应时代的发展和当代大学生的现实思想需求，国家和社会开始逐步重视德育教育的全方位渗透和大学生的人文素质培养。

《教育部关于全面深化课程改革落实立德树人根本任务的意见》指出："要在发挥各学科独特育人功能的基础上，充分发挥学科间综合育人功能，开展跨学科主题教育教学活动，将相关学科的教育内容有机整合，提高学生综合分析问题、解决问题能力。"目前，课程思政工作已逐步推开，学校思政教育的理论认识、改革正在逐步深化。课程思政是一项事关立德树人根本任务的系统工程、基础工作，到底成效如何，除了顶层设计和政策制度的指引、支持外，更为关键的是需要大量的基础性工作来夯实支撑，需要调动、发挥广大教师的主观能动性为课程思政贡献聪明才智，通过各个层级的努力，最终汇聚形成课程思政的洪荒之力。

高等教育中理工类专业课程，是学生学习的主体课程，耗费占用了学生的主要学习时间和学校最主要的教学资源。专业课程中蕴含了丰富的德育资源，可以说是"取之不尽，用之不竭"，并且在专业教学中融入德育内容，如春风化雨，润物无声，容易被学生理解和接受，使学生在潜移默化中受教育和熏陶。因此，课程思政的基础之一就是需要广大一线高校教师结合本专业的知识体系、授课经验及个人的思想政治理论水平、知识结构、眼界见识，将各个专业中蕴含的大量零散的不成系统的德育"原材料"深入挖掘、分析、提炼出来，并加以整合固化，形成基本的素材和模式，为课程思政提供支撑。

二、理工类专业课程德育资源体系化开发应遵循的原则

理工类专业课程种类繁多，包罗万象，知识体系博大精深、浩瀚繁杂，教师个体的理论基础、知识结构、阅历经验、学识素养、性格爱好千差万别，同样一个专业、一门课程，挖掘、总结、提炼出的德育元素不尽相同，采取的方法也千差万别。

当然，万变不离其宗，不管专业课教师自身是否明确地意识到这些，都应遵循基本的思维规律和思想政治教育原则。笔者结合自身实践，认为专业课程德育资源开发应当遵循 4 个原则。

1. 注重历史传承和体现时代脉搏相统一的原则

历史文化是一个民族的根系和灵魂，中华民族上下五千年的文明史，是中华民族共同的内在基因。忘记历史，意味着背叛自己的文明和自断精神命脉，必将失去发展根基和前进动力。青年学生涉世未深，世界观、人生观、价值观正处于培育形成阶段，需要了解掌握自己国家民族的发展史、文明史。习近平总书记指出："中国传统文化博大精深，学习和掌握其中的各种思想精华，对树立正确的世界观、人生观、价值观很有益处。学史可以看成败、鉴得失、知兴替；学诗可以情飞扬、志高昂、人灵秀；学伦理可以知廉耻、懂荣辱、辨是非。"对于宣传解释历史文化和中国特色，习近平总书记指出："宣传阐释中国特色，讲清楚每个国家和民族的历史传统、文化积淀、基本国情不同，其发展道路必然有着自己的特色；讲清楚中华文化积淀着中华民族最深沉的精神追求，是中华民族生生不息、发展壮大的丰厚滋养；讲清楚中华优秀传统文化是中华民族的突出优势，是我们最深厚的文化软实力；讲清楚中国特色社会主义植根于中华文化沃土、反映中国人民意愿、适应中国和时代发展进步要求，有着深厚历史渊源和广泛现实基础。"

马克思在《路易·波拿巴的雾月十八日》中说："人们自己创造自己的历史，但是他们并不是随心所欲地创造，并不是在他们自己选定的条件下创造，而是在直接碰到的、既定的、从过去承继下来的条件下创造。"学习历史、继承优良文化传统是为了学习借鉴，从悠久的历史文化中汲取政治、哲学、经济、科技、军事等智慧营养以及兴亡交替的历史经验，以便更好地了解当今时代和现实社会的来龙去脉，对当今时代的际遇有一个长时空、全方位的认识和理解，从而更好地认清现实、建设现在、开创未来。青年是标志时代的最灵敏的晴雨表，时代的责任赋予青年，时代的光荣属于青年。因此，引导大学生传承历史文化必须与当今时代发展的脉动紧密结合一并学习、考察和实践，引导他们正确认识自己的际遇和机缘，在自己所处的时代条件下谋划人生、创造历史。

2. 高举信仰旗帜和贴近现实生活相统一的原则

人民有信仰，国家有力量，民族有希望。人是需要信仰的，这是人与动物相区别的一个显著标志。有了信仰，才会有矢志不渝的追求和持之以恒的动力，丧失了信仰理想的人，无异于行尸走肉。青年学生作为国家的未来栋梁，肩负着民族振兴的历史使命，必须具有高度自觉的信仰追求，为实现中华民族伟大复兴的中国梦不懈奋斗。因此，高等院校要把培养担当民族复兴大任的时代新人作为重要职责。重中之重是要以坚定的理想信念筑牢精神之基，坚定对马克思主义的信仰，对社会主义和共产主义的信念，对中国特色社会主义道路、理论、制度、文化的自信。

与此同时，作为课程思政，也要根据青年学生的所处的年龄阶段、精神特质、心理特点，顺应当今信息网络社会时代要求，把举旗铸魂同现实生活有机融合在一起，把高深的大道理用生活中的小道理来分解、折射、解读，用通俗易懂的方式讲出来，多用青年学生喜闻乐见的语言来阐释，切实把道理讲进青年学生的心坎里，与他们的现实思想有效对接，回答他们的思想困惑，启迪他们思考人生和未来，真正发挥出课程思政春风化雨、润物无声的功效。

3. 体现民族特性和把握世界文明相统一的原则

习近平总书记在巴黎联合国教科文组织总部发表演讲时说："'一花独放不是春，百花齐放春满园'。如果世界上只有一种花朵，就算这种花朵再美，那也是单调的。不论是中华文明，还是世界上存在的其他文明，都是人类文明创造的成果。"课程思政的内容应当具有全方位、多层次的综合体系，需要包容、吸纳世界上一切文明的优秀成果，既需要中国孔孟的儒学、礼仪之道，也需要西方的苏格拉底、亚里士多德的思想，既需要中国的哲学伦理，也需要西方的科学理性和哲学思辨。吸纳借鉴不是无原则、无差别地来者不拒，需要取其精华去其糟粕，但最为重要的原则就是应当体现中华文明的主体性，反映中华民族的民族特性，外来的优秀文明成果应当始终包含在中华文明的理论框架和视域内，为中华文明所包容、接纳、改造和吸收，进一步丰富中华文明的内涵和外延，千万不可本末倒置，盲听盲信外来文明，搞成崇洋媚外，进行自我矮化、虚化历史、全盘西化。开展课程思政，广大专业课教师由于成长经历、人生阅历不同，在世界观、人生观和价值观及理论素养上有许许多多的差异，并且个人学识、讲课风格也各不相同，开展课程思政应当内容丰富、形式多样、不拘一格，但应把根本原则始终牢记在心，那就是坚定"四个自信"，站稳政治立场，体现中华文明主体性，这既是一条贯穿课程思政始终的主线，也是一条不可逾越的红线，否则就会"乱花渐欲迷人眼"，不但起不到正面教育引导学生的作用，反而适得其反，导致其出现思想上的混乱、迷茫。

4. 把握整体性和区分层次性相统一的原则

课程思政本身的特性决定了应当从小处着眼、细微处入手，仔细寻找、挖掘专业课程中蕴含的德育元素，通过联想、提炼、引申等一系列的思维加工环节，以分散的一个个的小哲理、小故事的形式表现出来，让青年学生在学习专业理论、技能的同时，于不知不觉之中受到教育、感染和熏陶，促进世界观、人生观、价值观的陶冶、升华。因此，对于广大专业课教师而言，开展课程思政的主要任务和方法是找点，即在细分和具体上花时间、下功夫，深入发掘结合点、闪光点、共鸣点等，让思想的火花点燃、触动青年学生的思想灵魂。但是，开展细分工作必须以整体性的理论框架作为指导，防止"只低头拉车，不抬头看路"，陷于具体的细节当中，迷失了方向和偏离了轨道而不自知。这个理论框架就是以习近平新时代中国特色社会主义思想为指导下的，关于哲学、政治、经济、科技、历史、文化等各个层面的知识体系。专业教师发掘提炼出来的各个德育元素的点，就好比海滩上散落的一粒粒闪亮的珍珠，只有用整体性的理论之线、逻辑之网把它们串起来、联起来，才能结成一条条的德育价值链，进而织成包罗万象、博大精深的德育资源网络矩阵，发挥出"1+1 大于 2"的整体效能。

三、理工类专业课程德育资源体系化的内容构建

理工类专业课程门类众多，占高等院校课程的"半壁江山"，蕴含着丰富的德育元素。这些都是德育工作的原材料，并以一种原始、分散、细碎的状态呈现，需要广大专业课教师通过慧眼识别、头脑加工、总结提炼、语言表达和生动实践，才能将原始材料变为可用之材。由于每名教师的理论素养、知识结构、思维模式、人生阅历千差万别，同样的德育元素在每名专业教师眼中的价值、分量是不同的，用来分析、提炼的角度和阐述的德育理念也是不同的，但是德育元素蕴含的基本价值、核心理念是不变的，需要遵循共性的德育规律，最终的导向也将殊途同归。笔者结合近年来自身及同事专业课教学和课程思政实践，经过分析、思考、总结，初步提炼出理工科专业课程蕴藏的 10 项基本的德育元素，供广大同仁开展课程思政工作时参考。

1. 哲学基础，是青年学生世界观人生观价值观生成的底层代码

马克思主义哲学包括辩证唯物主义和历史唯物主义，是马克思主义立场、观点、方法的集中体现，是马克思主义学说的思想基础。马克思说："任何真正的哲学都是自己时代的精神上的精华。"马克思主义哲学尽管诞生在一个半世纪之前，但由于它深刻揭示了客观世界特别是人类社会发展一般规律，被历史和实践证明是科学的理论，在当今时代依然有着强大生命力。各学科专业的学生、不同学段的学生都要学习马克思主义理论，掌握科学的世界观和方法论，为学生一生成长奠定科学的思想基础。当然，在课程思政中阐述哲学，并不是要直接开讲马克思主义哲学，而是把辩证唯物主义和历史唯物主义的立场观点和原理方法，结合专业课知识点的学习，以哲学思辨、哲理实践、案例讲解的形式表现出来，让青年学生学会基本的哲学方法，为观察世界、思考问题、社会实践提供理论依据和根本方法。

2. 家国情怀，是青年学生建功立业的动力源泉

家国情怀是每一名中华儿女最基本的精神追求，是中华文明历经五千年的风雨

而绵延不断、生生不息的根本所在。正如习近平总书记所讲："爱国，是人间最深层、最持久的情感，是一个人立德之源、立功之本。孙中山先生说，做人最大的事情，'就是要知道怎么样爱国'。……我们是中华儿女，要了解中华民族历史，秉承中华文化基因，有民族自豪感和文化自信心。要时时想到国家，处处想到人民，做到'利于国者爱之，害于国者恶之'。……我们常讲，做人要有气节、要有人格。气节也好，人格也好，爱国是第一位的。"开展课程思政，爱国主义必须放在第一位，找准合适的结合点，经常性地提炼出来、体现出来，引导青年学生把自己的理想同祖国的前途、把自己的人生同民族的命运紧密联系在一起，扎根人民，奉献国家。

3. 科学理性，是青年学生应当养成的思维品格

近代以降，无数的中华儿女、志士仁人为了救亡图存、振兴中华而苦苦寻找强国之道。百年前的五四运动，知识分子和青年学生喊出了"德先生、赛先生"的口号，用科学、民主来解放中华儿女的思想，打倒、打破封建社会的闭关锁国、封闭愚昧、顽固守旧的痼疾，寻求中华巨龙腾飞之道。从五四运动到现在不过百年时间，虽然科学精神已普及全社会，科技是第一生产力已经深入人心，但不信马列信鬼神、不信科学信鬼神的封建迷信沉渣时常泛起、死灰重燃，各类风水大师、江湖术士一度大行其道，科学探索和客观理性的思想仍需深化普及。青年学生作为新时代社会主义建设的中坚力量，更应当培育科学理性精神，养成追求真理、科学严谨、求真务实的良好作风，杜绝和批判迷信、愚昧、各类"玄学"，坚定不移地宣扬科学思想，推进科学、工程技术创新实践，身体力行地用科学技术推动社会进步发展。

4. 奋斗励志，是青年学生激情燃烧的青春底色

新时代中国青年要勇于砥砺奋斗，习近平总书记在纪念五四运动100周年大会上指出，奋斗是青春最亮丽的底色。"自信人生二百年，会当水击三千里。"民族复兴的使命要靠奋斗来实现，人生理想的风帆要靠奋斗来扬起。青年学生精力旺盛，处于求知、干事、创业的黄金期，但由于成长条件相对优渥，在艰苦奋斗、吃苦耐劳上相对弱化，对"艰苦奋斗"四个字知之不深、理解不透、体悟不够。开展课程思政，

要善于结合专业特点进行，用各个学科的先驱及一代又一代研究者的事迹精神激励学生，用改革开放以来各个领域的改革者、建设者的事迹和成就感染他们，引导他们树立艰苦奋斗的理念，在奋斗中实现自己的理想抱负和个人价值与社会价值的统一。

5. 创新思维，是青年学生最突出的代际优势

创新是一个民族进步的灵魂，是一个国家兴旺发达的不竭动力，也是中华民族最深沉的民族禀赋。在激烈的国际竞争中，惟创新者进，惟创新者强，惟创新者胜。创新思维应当是指以新颖独特、不同以往的角度思考问题，并采取超常规、反常规的方法解决问题的具体思维过程，它包括辩证思维、逆向思维、发散思维等多个思维特征。青年学生正处于求知欲、创造力最旺盛的阶段，在课程思政中结合本专业的知识体系、逻辑特性和前沿内容，引导、启发他们突破思维习惯和思维定式，从多个角度进行批判性思考、发散性思考，有助于增强他们的创新意识、创造能力。

6. 道德修养，是青年学生为人处世的必修功课

重视立德修身是我国自古以来的优良传统，墨子云："德为才之帅，才为德之资。德器深厚，所就必大，德器浅薄，虽成亦小。"青年学生正处于世界观、价值观、人生观的发育定型期，极易受外部环境影响干扰，"染于苍则苍，染于黄则黄"，需要全方位全过程的多种多样的引导、熏陶、呵护和"滴灌"。课程思政，就是其中最好的"滴灌"渠道之一。理工类专业课的发展、建设、进步，是一代又一代科学家、工程师、学者孜孜不倦、呕心沥血、前仆后继、代际累计的结果，涌现出许许多多令人敬仰、可歌可泣的先哲、学者，他们大都品格高洁，是青年学生学习的楷模、榜样，应该认真开发、利用好他们的学术事迹和道德修养。同时，作为教师，更要严于律己，塑造学高为师、身正为范良好形象，做到言行一致，把课程思政延伸到生活实践当中，为学生做好榜样。

7. 职业素养，是青年学生立身做人的基本要求

职业素养是一个很宽泛的概念，是指青年学生进入社会、走上工作岗位后必备

的素质要求，主要包括恪尽职守的敬业精神、精益求精的工作标准和严谨细致的工作作风等方面，是青年学生胜任工作、适应社会、谋求发展、干事创业的有力依托。青年学生的职业素养培养应当从入学时开始规划，贯穿整个大学生涯，利用学习、生活、课外活动、实践，进行全程全方位的培养。开展课程思政，应当把职业素养培养纳入其中，在专业课堂上因时制宜、因地制宜地宣扬、讲解、阐述与职业素养相关的理念和具体细节要求，帮助青年学生树立正确的职业意识，养成良好的职业道德、职业操守和职业作风。

8. 团队意识，是青年学生融入社会、干事创业的必备素养

团队意识，并不完全等同于我国传统意义上的集体主义精神。我国传统集体主义精神，重点在于强调为集体、单位和团体牺牲奉献，过于强调集体而忽视了个体的价值和利益，集体与个人之间并没有取得很好的平衡，容易忽视、挫伤个人的主体价值、地位作用、主观能动性。而现在的青年学生，独生子女较多，成长条件优越，往往比较容易以自我为中心，不能正确处理与他人之间的协作关系，滑向另外一个极端。因此，应当利用课程思政，宣扬现代科学的团队意识和合作精神，引导学生正确认识、对待个人与集体之间的关系，正确平衡处理个人、他人、集体之间的关系，学会与他人、集体专业分工及合作协同，这对他们经营家庭婚姻、适应企事业组织岗位需求或者独立创业经营都是非常有必要的。

9. 心理健康，是青年学生适应社会、干事创业的调节阀

青年学生毕业后，将面对残酷的职业竞争。各种困难、挫折、打击、失败是避免不了的，只有掌握全面正确的心理学知识，具备强大的自我和内心，才能够正确认识、面对各类挫折、挑战，及时调整自己的心理状态，才能立于不败之地。开展课程思政，心理健康是不可或缺的内容之一。专业课教师，应当把心理学知识以故事、案例、哲理、"心灵鸡汤"等形式融入其中、贯穿始终，结合自己的人生经历、理性思考，以青年学生易于接受的感性方式讲出来，讲到学生的心坎上，让他们能够正确地认识社会竞争和学会正确的自我调适之道，为进入社会拼搏奋斗做好准备。

10. 审美情趣，是青年学生贯穿终生的内在修养

审美是在人的实践经验、思维能力、艺术素养的基础上形成和发展的，是以主观爱好的形式表现出来的对客观的美的认识和评价。审美既有个性特征，又具社会性、时代性和民族性。理工科专业教师不是艺术专业教师，这里所谓的审美趣味并不是指专业上的审美艺术，而是在此引导学生善于追求、发现和欣赏真善美，形成正确的、高雅的生活情趣，拒绝和远离庸俗、低俗、恶俗的爱好习惯。在理工科专业课程中蕴含着许多自然之美、科学之美、和谐之美，它们隐藏在定理、公式、图表之内，专业教师的职责就是把它们挖掘出来、全面分析，展示给青年学生，让他们在学习专业理论的同时，领略科学的美丽韵律，并养成在生活中善于发现美、欣赏美的习惯、素养，因为这是一生享之不尽的精神财富。

参考文献

[1] 习近平. 在中央党校建校 80 周年庆祝大会暨 2013 年春季学期开学典礼上的讲话[N]. 人民日报，2013-03-01.

[2] 习近平在全国宣传思想工作会议上强调：胸怀大局把握大势着眼大事　努力把宣传思想工作做得更好[N]. 人民日报，2013-08-21.

[3] 中共中央马克思恩格斯列宁斯大林著作编译局. 马克思恩格斯选集第一卷[M]. 北京：人民出版社，1995.

[4] 十八大以来重要文献选编(中)[Z]. 北京：中央文献出版社，2016.

[5] 习近平. 决胜全面建成小康社会夺取新时代中国特色社会主义伟大胜利——在中国共产党第十九次全国代表大会上的报告[N]. 人民日报，2017-10-28.

[6] 习近平在全国宣传思想工作会议上强调：举旗帜聚民心育新人兴文化展形象更好完成新形势下宣传思想工作使命任务[N]. 人民日报，2018-08-23.

[7] 习近平. 在联合国教科文组织总部的演讲[N]. 人民日报，2014-03-27.

[8] 习近平. 在十八届中央政治局第十二次集体学习时的讲话[N]. 人民日报，2013-12-30.

[9] 习近平总书记在全国高校思想政治工作会议上强调：把思想政治工作贯穿教育
教学全过程　开创我国高等教育事业发展新局面[N]. 人民日报，2016-12-09.

[10] 习近平. 在北京大学师生座谈会上的讲话[N]. 人民日报，2018-05-03.

[11] 习近平. 在纪念五四运动 100 周年大会上的讲话[N]. 人民日报，2019-05-01.

谈传统文化类课程的课程思政实践

王守亮

(齐鲁工业大学 国际教育学院 济南 250353)

摘要：中国传统文化类课程是开展和推进课程思政的重要依托。我们在教学工作中的实践途径和方式有：一是将中国传统文化类课程与"两课"有机联系，努力融会贯通两个课程体系；二是沟通古今，努力将中国传统文化类课程的有关内容与现实国情有机联系；三是将中国传统文化的精华与大学生修身立德有机联系；四是对优秀传统文化做出符合当今时代精神的解读与阐释，使传统获得现实生命力。我们灵活、综合地运用这些方法，课程思政效果良好；它同时也要求教师和学生都要努力打破不同课程之间的知识壁垒，实现专业与思政的有机结合，融会贯通。

关键词：中国传统文化类课程 课程思政 实践

笔者自来校参加工作以来，长期承担汉语国际教育专业"中国古代文学""古代汉语"和全校公共课"文学修养""中国传统文化概论"以及通选课"齐鲁文化"等课程的教学任务。这些课程都以中国传统文化典籍为教学主要内容，属于比较典型的中国传统文化类课程，与提升大学生的传统文化素养和弘扬优秀传统文化有直接而密切的关系，是我们开展和推进课程思政的重要依托。

在这些课程的教学工作中，笔者结合学生的实际情况，根据自己的知识储备、专业特长和教学经验，力求因材施教，通过如下一些途径、方式和方法，努力追求德融教学，实现将思政教育融于专业教学的目标。

1. 不断探求

要不断探求不同类型课程体系的知识和理论的路径，将中国传统文化类课程与"两课"(即马克思主义理论课、思想政治教育课)有机联系，努力做到两个课程体系之间的融会贯通。

"中国古代文学"是汉语国际教育专业的核心课程之一，在元明清文学的教学中，作为重点内容的有经典名著《三国演义》《水浒传》《西游记》等。我们就将其中有关内容与中国近现代革命的历史相联系。《三国演义》《水浒传》《西游记》等，对中国共产党领导的现代革命事业也产生了一定的积极作用。中外人士都注意到这样一个有趣的事实，一代伟人毛泽东，在革命战争年代，非常喜欢引用《三国演义》《水浒传》《西游记》等书中的故事，借以阐发革命道理，启发和教育广大人民，鼓舞革命队伍的勇气和信念。我们让学生在学习"中国古代文学"的同时，得以与"中国近现代史纲要"等"两课"的内容相衔接，从而实现两个课程体系之间知识和理论的交合、融汇与升华。

2. 沟通古今

要努力将中国传统文化类课程的教学内容与现实国情有机联系，加强学生对国情的理解和关注。

例如，在古代汉语课程中，我们选择、确定的教学篇目之一有西汉晁错的《论贵粟疏》。该文的内容是：晁错给汉文帝上书，建议朝廷重视农业生产，重视粮食问题。汉文帝采纳了晁错的建议，促进了西汉前期农业生产的发展。在历年的教学中，我们都会告诉学生，不要把这篇文章仅仅作为学习古代汉语的文选资料，还要善于以史为鉴，古为今用，充分认识文中提出的农业和粮食问题的现实意义。结合《论贵粟疏》的学习，我们告诉学生：农业作为国民经济的基础，是稳民心、安天下的战略产业；当今世界第一人口大国的中国，如果粮食歉收或过分依赖进口，必将被人卡脖子，其后果不堪设想。我们还让学生关注 2013 年 11 月 28 日习近平总书记到山东省农科院召开座谈会的新闻报道。在座谈会上，习近平总书记表示："手中有粮，心中不慌。保障粮食安全对中国来说是永恒的课题，任何时候都不能放松。历史经验告诉我们，一旦发生大饥荒，有钱也没用。解决 14 亿人口吃饭问题，要坚持立足国内。"2019 年 10 月，国务院新闻办发表了《中国的粮食安全》白皮书。在讲授《论贵粟疏》时，这本白皮书就会作为我们备课时的参考材料。通过运用这样一些方法，《论贵粟疏》就不再是一篇单纯的古代文献，而具有让学生鉴古知今、关心农业和粮食问题、关注国情的重要作用了。在中国传统文化类课程的教学中，有不少内容是需要教师这样去与现实加以联系和融会贯通的。

3. 将中国传统文化的精华与大学生修身立德有机联系

要将中国传统文化的精华与大学生修身立德有机联系，让他们深入理解健康成长与正确处理人生、家庭和事业等问题的道理。

修身、齐家、治国、平天下，是古代知识分子努力追求的理想，中国传统文化的精华。作为修齐治平之基础的修身，首先要从孝道做起。在教学过程中，我们会注意结合课程有关内容，来解读、阐释孝道的内涵。例如，《三国志通俗演义》第十七回有曹操割发代首的故事。曹操带兵出征，因意外而导致马踏麦田，违反了军令，于是割发代首，竟使"万军悚然，沿道之民，秋毫不犯"，产生了严明军纪的效果。那么，为什么会有这样的效果呢？我们结合《孝经》予以讲解。《孝经·开宗明义章》记载孔子对弟子曾参说："身体发肤，受之父母，不敢毁伤，孝之始也。立身行道，扬名于后世，以显父母，孝之终也。夫孝，始于事亲，中于事君，终于立身。"这就是《三国志通俗演义》中曹操割发代首的儒家经典依据。中国古人非常尊崇、信奉儒家经典。在他们看来，爱护自己的身体发肤，是孝道之始，是事君和立身的基本前提。在当今时代，我们固然不能拘泥于圣人之论，但还是可以由此引而伸之，对学生解释这样一个道理，即大学生正处于青春躁动的时期，应该爱护和锻炼身体，保证身心健康，不让父母担心和牵挂，这就是对父母的孝道。这样一来，学生既学习了专业知识和理论，又了解了儒家经典《孝经》，同时也认识了孝道的现实价值，从而有利于传承和弘扬孝文化。再如，在专业课"中国古代文学"和公共课"文学修养"中，白居易《长恨歌》均为必讲的诗歌经典。在对诗歌主题分析的基础上，我们指出，这首诗歌实际上提出了一个如何处理爱情与自身责任、事业关系的重大问题，进而启发学生思考：爱情至上的观点是否完全正确？在大学阶段，学生应该如何处理爱情与学业的关系？据我们在教学中的观察和体会，这不但容易激发起学生对这首诗歌的学习热情，还可以促使他们深入思考爱情、学业和人生等问题。

4. 与时俱进

与时俱进，是对中国优秀的传统文化做出符合当今时代精神的解读与阐释，使传统的东西获得现实的生命力。

以《水浒传》教学为例。对该书主题的阐释是我们教学的重点内容。对此，我们一方面讲解古今中外关于《水浒传》主题的各种意见；另一方面指出该书的主题是忠义，进而引导学生思考：《水浒传》中所谓的忠义是否就是单纯的忠君甚或愚忠呢？当然不是！根据小说的描写，我们提醒学生注意：小说的第五十五、七十七、七十八、七十九、八十二、八十三、九十六回中，都有宋江及其他梁山好汉所强调的"与国家出力"。宋江等追求朝廷招安的根本目标，就是要让梁山好汉"与国家出力"。这才是《水浒传》忠义主题的关键所在。要把古代文学经典解读和阐释为一种正能量，对鼓舞学生努力学习、报效祖国具有积极的意义，符合新时代中国特色社会主义建设和发展主旋律的要求。

以上是我们在中国传统文化类课程教学中实现课程思政的途径、方式和方法等。我们灵活、综合地运用这些手段和方法，努力避免课程思政实践中可能出现的两张皮、油水分离等问题，努力达到水乳交融、春风化雨的境界，力求实现课程思政效果的最佳化、最大化。通过学生历年评教的成绩和学生以其他途径反馈的结果来看，我们的课程思政效果是良好的，受到了学生的欢迎。当然，在专业课程中融进思政的工作实际对专业教师提出了很高的要求。它不仅要求教师对专业知识和理论了然于胸，还需要老师具有开阔的眼光和视野，敢于打破课程和自身专业的壁垒，随时关注自己专业领域之外的知识和理论，加强政治学习，关注时政要闻，将它与专业教学有机结合，融会贯通，从而达到春风化雨般的思政效果，让学生在专业学习的同时提高思想品质和境界素养。作为老师，应明白这样一个道理，即在大学阶段所开设课程是一个具有内在联系的完整的人才培养方案，该方案从不同角度和方向去培养学生成才。因此，学生的学习不应局限于对专业知识和理论的掌握，而要将不同课程联系起来，融会贯通，同步提升自身的思想品德与专业素养。

参考文献

[1] 黄丽镛. 毛泽东读古书实录[M]. 上海：上海人民出版社，1994.

[2] 中共中央文献研究室. 毛泽东文集：第三卷[M]. 北京：人民出版社，1996.

[3] 习近平. 手中有粮，心中不慌[EB/OL]. [2013-11-28]. http://politics.people.com.cn/n/2013/1128/c70731-23688867.html.

[4] 罗贯中. 三国志通俗演义[M]. 沈伯俊校注. 上海：文汇出版社，2008.

[5] 胡平生. 孝经译注[M]. 北京：中华书局，1996.

"课程思政"视角下的传统文化课程改革与创新

杨 华

(齐鲁工业大学 国际教育学院 济南 250353)

摘要: 目前,很多高校开设了中国传统文化课程,取得了一定的教学效果,但许多方面还有待改进和提高。本文认为,从史论结合、学科互通、中西比较、专题教学等方面努力,能够提升传统文化课程的教学水平和教学效率。在这个过程中,教师应将思想政治教育的意识贯穿于传统文化教学始终,从而实现政治性与学理性、价值性与知识性的统一,让思政教育和传统文化教育有机融合,共同致力于大学生理想信念、价值理念、道德观念的教育养成。

关键词: 思政教育 传统文化 教学实践 课程思政

习近平总书记非常重视传统文化的作用,多次强调中华传统文化的历史影响和重要意义,并且赋予其新的时代内涵,提倡传统文化要在思想政治教育中发挥作用。将"中国传统文化"作为一门课程的高校不在少数,虽然其大多数时候是作为通识教育课出现的,但责任重大,其任务在于让学生了解中国文化最深层的精神追求和最根本的心理基因,并引导学生全方位把握传统文化与现代文明的关系,正确认识中国文化与西方文化的交流和碰撞,提高分辨各种文化现象和文化思潮的能力。传统文化课程在各高校的具体名称不同,或名"中国传统文化概论",或名"中国传统文化通论",或名"中国文化史",属于文化素质教育课程,一般面向全校各专业学生开设。在不同的教育教学环境下，任课教师必须考虑如何加强课程建设，提升教学效果，发挥课程育人功能的问题。笔者多年从事"中国传统文化概论"的教学，在教学实践中，逐渐完善课程建设，形成了相对稳定的教学体系。笔者认为，要提升课程的教学效果，应从以下几个方面做出努力。

一、明确课程定位与教学目标

何谓传统文化？通俗地说，传统文化来源于社会生活，是人们的精神信仰、思想观念、认知模式、情感样式和生活方式的集中表达。习近平总书记在中共中央政治局第十八次集体学习时的讲话中指出："中华民族形成和发展过程中产生的各种思想文化，记载了中华民族在长期奋斗中开展的精神活动、进行的理性思维、创造的文化成果，反映了中华民族的精神追求，其核心内容已经成为中华民族的文化基因。"

不同专业的大学生，其传统文化基础也不同。文史哲专业的学生在专业课程中会对古代哲学、历史、文学、艺术等有所涉猎，不太需要再单独学习传统文化；但是，这门课程对理工科学生意义尤为重要。理工科大学生应学习先进的科技文化知识和深厚的传统文化，只有这样才能成为满足时代需要，具有人文精神和国际视野的工程型人才。可见，在理工科院校中，"中国传统文化"课程的面向对象主要是理工科大学生。理工科学生对历史学习不够重视，即使了解，也多是政治经济方面的常识或者民俗方面的内容，较少关注古代文学、古代哲学等方面的内容。

习近平总书记多次强调优秀传统文化是"最深厚的文化软实力"，要重视中华传统文化研究，继承和发扬中华优秀传统文化。当代大学生担负着传承传统文化的责任和义务，同时，身为现代人也须借助先进传统文化的力量促进个人成才和社会发展。然而，在实际的学习生活中，学生对传统文化的重视程度远远不及专业课。因为专业课对于学生而言内容几乎是全新的，也有比较直观的用途。对于传统文化，每个人或多或少都接触过一些，而且小学、中学阶段的历史、语文等课程中也会有部分传统文化内容，大部分理工科学生对传统文化的了解较为肤浅。正因如此，大学中的传统文化课程应该讲出新意来，讲出深度来。

根据历年来的教学实践，笔者总结出传统文化的多种讲授模式。第一种是分门别类，即古代哲学、古代文学、古代史学、古代艺术、古代宗教；第二种是专题，例如天人合一与中医理论、宋明理学与修身、民间习俗与节庆等；第三种是贯穿各朝各代的文化史。经过多次实验和几次更改讲稿，笔者还是选择了以朝代为框架，容纳各种思想变迁、文化现象、社会风习等。在此基础上，将这门课程的框架设计为：以中华文明发展的历史为主线，先论述中国传统文化植根的土壤，说明中国文化区别于世界其他文化体系的原因；然后从宏观上介绍传统文化发展的大致历程，文化史的各个历史分期和各时期的基本特点；同时用传统文化的基本精神将各个具体的部分联系起来，从微观、具体的角度展示中国传统文化的丰富内涵及各部分间的相互影响；最后指出中国传统文化在近代遭遇的危机及转变、发展。

例如，古代文学是传统文化的重要内容，但笔者没有将中国古代文学单独列为一章，也没有将每个朝代的代表性文学体裁都讲出来。汉代没有选择汉乐府而选择汉大赋。大赋这种文学样式，以"富丽"为美，以"润色鸿业"(班固《两都赋序》)为旨归，以铺陈渲染为主要手段，体制宏大，突显了大汉帝国的傲视天下的气魄和无与伦比的声威。汉大赋受到雄才大略、文治武功的汉武帝的青睐，把国势强、疆域广、魄力大的"大汉气象"以文学形式呈现出来，与"究天人之际，通古今之变，成一家之言"的《史记》抱负是一致的。自强不息的民族性格和乐观进取的时代精神投射在大赋这种体裁上，形成了汉赋宏伟的气度。唐代文学种类丰富，但考虑到课时和重要程度，没有必要将唐代传奇小说纳入理工科学生的讲授范围。唐诗部分也不可能像文学史那样展开讲作家作品，但可以从文化角度让学生去思考唐朝诗歌的一些问题，例如为什么盛唐很多诗人都有边塞诗等。综上，讲述古代文学的意义，在于将它和整个时代的文化风貌和气象联结起来。

二、注意史论结合，融会贯通

中国文化是一个不断展开的历史过程，教师应提供给学生比中学阶段更宽广的视野和更深刻的分析。大学生自主学习的能力、思考能力比高中阶段都有所提升。所以传统文化的教学方法以启发为主，讲授理论时采取"少而精"的教学原则，讲清重点、难点和疑点即可，把主要功夫放在培养学生独立思考能力和创新意识上面。让学生开阔眼界、打开思路，主动思考文化现象背后的本质，而不只是掌握一些概念、名词。这在方法上就是史论结合，演绎法和归纳法并重。譬如宗法制、礼的概念，可提问学生宗法观念在我们现在的生活中还有没有遗存，举例说明有哪些表现？讲究"礼"对构建和谐社会有哪些积极意义，等等。

再如为什么我们讲"大一统"概念的时候会提到"秦汉帝国"，有的学生会提出秦和汉不是两个朝代吗？教师可以告诉学生其原因在于两个朝代在中央集权方面的一致与变异。因为这一阶段集中体现了王朝政治意识形态的摇摆：王道和霸道交替占据主导地位；汉代虽然倡导罢黜百家，独尊儒术，但实际上采取了"阳儒阴法"的做法，进一步加强了中央集权。同时，可就这一问题引导学生思考为什么说秦代李斯和汉代董仲舒的做法异中有同，殊途同归。

再比如典章制度部分，会涉及选官制度的演变：从春秋战国时的世卿世禄制到汉代的察举制，再到魏晋六朝的九品中正制、隋唐的科举制等，既要让学生知道制度的内容是什么，又要让学生明白这一制度与整个大背景的关系，其承前启后的作用。比如讲到明清科举制在选择人才方面的弊端的时候，可以对科举制做一个回顾。中国以考试作为选拔官吏的方式由来已久，从中启发学生进一步思考，经由科举考试进入仕途的官员固然有很多是文学才华和政治才能兼备的人，但其中诗文不佳、学问不深的也大有人在。那么，科举制度作为文官选拔制度，是不是只考核文学才华和学术能力，这项制度能否考察出官员为政治国的能力？这个时候就可以使用历史分析法来解答上述问题。教师引导学生运用此方法分析传统文化现象，可以避免学生对传统文化的理解仅流于表层，也可以让学生从具体文化事件中跳脱出来，从历史脉络和时代背景的宏观角度进一步深入思考文化现象，对历史有更客观、更深刻的认识。

总体而言，课程应突破一些教材对文化历程的模式化描述，用多元化的视角去解释文化发展过程，在阐释文化共性的同时关注文化的独特性、多样性和复杂性，从而打破学生对某些文化现象的刻板认知。通过这种梳理和讲解，实现学生对文化现象的感悟和内化，增强理工科学生运用发散性思维的意识，培养自身的思辨能力和审美创造力，涵养自身丰富健全的人格。

三、采用多学科视角，触类旁通

要明确交叉知识点的归属，避免重复讲授。中国古代思想、古代文学、古代艺术、制度史、社会生活、地方文化史等教学资源与中国文化史关联紧密，部分内容存在交叉重叠的情形，在课时紧张的情况下，教师应该追求教学内容的整合优化，这样可以高效优质地完成教学目标。教师在整合知识点方面需要花费很多时间，但是一旦完成，就可以将零散的知识点串联起来，形成完整的知识体系。

例如，在讲述原始社会组织时，可引入社会学学者对母系氏族社会的研究成果。同时，还可引入历史学者的观点，分析君主与人民的关系、唐宋变革、礼制下移等。如有的历史学者认为：在整个封建社会，君主和人民的关系是处于演化中的，君主逐渐由贵族阶级的代表变成全体臣民的共有物。在贵族政治时代，君主由贵族集团决定其废立，到封建社会中后期，君主的地位更为稳定；到隋唐之时，人民从贵族手中解放出来，不再依附于贵族，而直辖于国家，成为国家的佃客，人民向国家纳地租、服徭役，人民与君主的关系变得直接了。整个古代的文学艺术在整体上逐渐由贵族式向庶民式过渡。将此类观点介绍给学生，可以让他们耳目一新，引发思考。但是值得注意的是，在引入其他学科知识和理论时，要坚持辩证唯物主义和历史唯物主义，教师先经过怀疑、分析、反思，再来确认这些新观点、新看法是否合理、科学，最后通过和学生的交流对话引导他们进行更深层次的思考。

从上例可以看出，仅从文化史角度进行分析，未免狭隘孤立，而代之以史学角度进行切入，对文化现象的解释可以更深入，也能引领学生认识到综合性、复合性知识结构的益处。关于文化的教学本来就具有较强的延伸性和灵活性，故步自封的做法不可取，教师将多学科知识纳入自己的知识体系，形成开放的视野才是可行之道。但是，这里应注意把握守正创新的辩证原则。守正是基石，给创新指引方向，提供价值，涂抹底色。创新是在社会主义核心价值观基础上的创新，唯此，才能达到思政教育和传统文化融合的良好成效。

四、展开中西文化比较，甄别辨析

要让学生概要式地把握中国文化的全貌和最突出的特质，离不开中国文化与西方文化的比较。在全球化的背景下，中国要在国际社会中发挥更大的作用，更需要正视本土文化所面临的挑战和机遇。因为中国文化的继承与创新取决于主体的认识和对文化的再生产能力。

现如今，社会上很多推广国学的人对西方文化缺乏深入的理解，甚至对东亚各国的文化也缺少一种整体性的观照。例如，笔者为了让学生理解"天下观"是古代中国思想界利用空间概念建构出的一套世界秩序观，具有鲜明的人文和政治含义，通过讲解与"天下观"相关的五服、四海、朝贡体系等概念知识，从而让学生对古代中国的地理、外交理念有所了解。再如，在理解中国人的行为模式与中国文化之间的关系——相互影响，又相互牵制时，笔者结合中国人的亲属意识很强，做事时时处处会考虑家族利益的行为，分析中国人行为实践的一般模式，让学生认识中国社会家族本位的传统，并能够解释其中的构成要素(人情、家庭和婚姻)，进而让学生了解这是伦理型文化和法理型文化的一个显著区别。

通过比较发现中西文化某方面的基本特征，在比较的基础上分析原因，而后在分析的基础上做出评判，这样学生才能自觉地吸取传统文化的精华，客观地对待西方文化，在比较中找到对中华文化的归属感和认同感。

五、选择合适契机，开展专题教学

发挥教师的专业背景优势,将传统文化中对学生有意义的内容搬到课程教学中。教授传统文化的老师的专业背景各不相同，有文学、古代史、中国哲学、思想政治等，不一而足。可以根据任课教师的专业特长充分展开本专业知识和传统文化相衔接的部分。

教师可根据各人专业背景、兴趣特长进行两三次专题教学，比如古代文学背景的教师可介绍一些古籍版本目录的内容，引起学生对古籍阅读的兴趣；哲学背景的教师可以介绍修身的内容，"敬天爱人""致良知"等观念不仅在古代通行，在当代亦有意义，如：可将敬天爱人与生态环境保护联系起来，与处理人际关系联系起来；将"致良知"与自省自察联系起来。中国人自古就重视人格修养，修身是齐家治国平天下的基础。现代职场也十分强调"做人"，这启发我们可以从学生关注的商界传奇人物、社会知名人士的经历等角度切入讲述修身的意义，从而使授课具有针对性、时代感和感召力，激发学生兴趣。所以，挖掘传统文化中丰富的道德资源，古为今用，滋养和教育今天的大学生，指引他们形成正确的价值观和人生态度，具有非常重要的现实意义。

六、结语

传统文化博大精深，而"中国传统文化概论"这门课的课程设置处在改革中，变动不居。所以教师要以不变应万变，加强传统文化知识储备，如宗教文化知识、民间文化知识、艺术鉴赏知识、古籍整理知识、古代科技知识等，实现知识结构的深和宽，这样才能丰富并深化教学内容，提高教学质量，避免自己成为固守一隅的封闭型专业人士和一叶障目的单一型的传授者。需要注意的一点就是，教师要从"课程思政"的角度切入，把马克思主义理论、社会主义核心价值观贯穿于传统文化课程教学的整个过程，使学生树立正确的世界观、人生观、价值观。同时，立德树人又需要优秀传统文化的滋养，始终保持"课程思政"意识，有助于深入挖掘传统文化课程的思想政治教育资源，促进通识课和思政课的协同并进。

在弘扬中华民族传统文化方面，中国传统文化课程教学责无旁贷，任重道远。我们只有不断更新教育理念，完善教学体系，优化教学内容，改进教学方法，采用先进的教学手段，在教学实践中不断总结、提高，才能帮助学生深刻地认识我们的民族文化传统，更加准确地把握现实国情，有助于他们以理性的态度去传承传统文化精华，开创民族未来。

参考文献

[1] 习近平主持中共中央政治局第十八次集体学习并讲话[EB/OL]. [2019-10-25]. www.gov.cn/xinwen/2019-10/25/content_5444957.htm.

[2] 何新华. 试析古代中国的天下观[J]. 暨南大学东南亚研究所，2006(1)：50.

践行课程思政 彰显专业担当

娄有信 郝美伦 王峰 金华 沈建兴

(齐鲁工业大学 材料科学与工程学院 济南 250353)

摘要： 课程思政是我国高等教育落实立德树人培养目标的内在要求，当前专业课程思政工作还面临着执行难、教改孤立、不被认可等问题。齐鲁工业大学无机非金属材料工程专业积极发挥专业引航作用，积极构建专业思政教育新体系，加强思政教育技能培训，提升专业教师课程思政教学意识与能力，取得了可喜的育人成效。

关键词： 课程思政 人才培养 立德树人

习近平总书记在全国高校思想政治工作会议上指出，要把思想政治工作贯穿到人才教育全过程中来，实现全程、全方位育人，并发挥好课堂教学渠道，使各类课程与思想政治理论课同向同行，形成协同效应。思想政治教育是开展大学高校理想政治道德素质教育和落实立德树人人才培养目标的必然要求，也是成为当前我国高等教育人才培养工作的热点之一。

教育界围绕高等学校思政教育进行了广泛的研究探讨，从"思政课程"与"课程思政"关系、课程思政体系构建、课程德育内涵挖掘等方面进行了深入研究，加大了专业课程思政教学实践探索，推进了课程思政育人工作。近年来，齐鲁工业大学着力推进德融课堂等思政教育建设工作，推出了德融好课堂、德融好教案课程系列作品，评选出多名德融好教师，打造了一批思政金课群，获得了广泛的认可与好评。但是，从"课程思政"发展与要求来看，课程思政建设过程中还缺少专业整体性规划设计，难以适应专业"全方位、全过程育人"目标建设需要。为推进专业课程思政体系性整体建设，就需要发挥专业在课程思政教学工作的领航作用，解决课程思政建设的体系性问题。下面谈谈专业课程思政教学改革中存在的问题，以齐鲁工业大学无机非金属材料工程专业为例，探讨专业在课程思政建设中的作用。

一、专业课程思政实施中面临的问题

(一) 高校评价机制日趋功利化，专业课程思政体系建设难度大

我国高等教育受社会评价影响明显，高校评价机制功利化严重，重科研、轻教学风气盛行，考评机制倾向于支持教师或团队科研工作，鼓励教师争取项目、发表论文、申报奖项，而对专业教师在教学育人方面的工作考核多留在纸面，缺少对课程教学、学生学业与职业规划指导等方面的强有力政策支持，也使得专业教师自身职业发展与人才培养工作的矛盾加剧，高校人才培养工作正受到前所未有的挑战。立德树人是高校人才培养的重要目标，在人才培养上既要重视专业教育，也要重视思政教育，专业应承担起课程思政体系建设的主体责任，但当前专业的建设与发展工作明显受制于学校、学院政策，专业不是办学主体，也没有管理权限，造成专业课程思政体系建设缺少强有力的措施。在此背景下，专业课程思政建设工作不少是停留在个别课程的建设上，课程思政教学目标不明确，难以形成有机整体，难以建成专业课程思政体系。

(二) 专业教师对课程思政认可度不高，对思政教育工作的重要性认识不够

长期以来，大学生思想政治教育工作主要有马克思主义学院教师、各专业学院副书记、辅导员等主体承担，专业课教师直接参与少。另外，专业教师承担更多的是专业知识与技能教育工作，他们认为专业课程不应当承担思政教育工作，思政教育应该由思政课程来承担，专业教育与思政教育两者应是分开的。专业教师还没有真正意识到课程思政在专业人才培养中的重要性。由于专业教师只是重视人才专业技能与理论知识方面的培养，忽视对学生情感、态度、价值观的引导，使得不少学

生普遍存在政治道德、理想信念和社会责任感缺失的问题。因此，专业教师应根据教育新形势，主动担负起学生灵魂塑造的职责，这样才可能真正培养出德才兼备的专业人才。

(三) 课程思政教育需要一定教学经验和水平，专业教师课程思政驾驭能力有待提升

课程思政作为一种融入价值理念的新思想政治教育形式，其落实的关键在于是否具有一批具有思政教育意识和水平的专业教师队伍，专业教师应紧跟国内外教育教学新形势，主动推动所授专业课程的课程思政教育改革，推动专业思政教育育人工作。另外，专业教师自身渊博的知识、高尚的情怀、处事的态度等也会对学生产生无形的影响，这也是教师开展思政教育的隐形力量与工具。专业教师应不断提升自身的思政理论水平、人文素养和专业驾驭能力，有助于提升课程思政工作基本功。但目前不少专业教师还是缺少课程思政的教学经验和驾驭能力，突出地表现在科学人文精神素养匮乏、人生境界不高、专业视野不阔、人格魅力不强、课程思政教学设计技能少、教学手段不灵活等方面，上述问题都会影响到专业课程思政教育育人成效。所以，应大力支持专业教师参加思政教育教学培训，切实提升专业教师思政教育教学水平。

二、加大课程思政建设，发挥专业担当

为推进专业课程思政教育教学工作，坚持立德树人教育目标，把思想政治工作贯穿于整个人才培养过程中，无机非金属材料工程专业做了大量工作。通过优化培养方案，确定专业课程在人才培养教育中的作用与地位，原则上确定专业课程思政教育教学目标；加快专业课程思政教学建设工作，鼓励课程利用多种资源开展课程思政教学改革；有计划地推进教师思政教学能力提升工作，转变教师观念，鼓励更多的教师参与到课程思政教学工作中，建设一批具有专业特色的课程思政专业课。

(一) 落实立德树人教育理念，构建专业思政课程与课程思政新体系，推进协同育人工作

无机非金属材料工程专业正在开展专业认证，抓住工程认证机遇，制订了新的人才培养方案，突出了职业道德、文化修养和身体心理素质教育目标，培养学生具备较强的社会适应能力、社会责任感和创新意识。由专业培养方案入手通篇谋划思政教育，合理制定课程培养要求指标点，引领专业课程思政建设工作。首先，专业召集全体教师多次讨论、制订新的培养方案，确定了思政课程在思政教育中的第一主体和专业基础或方向在课程思政教育中的第二主体，坚持了思政课程和课程思政两个教育阵地，其中在专业课程思政方面确定了多门专业课程的思政教育指标，如专业核心课"材料结构与性能""材料科学基础"，专业方向课"陶瓷/玻璃工艺学""陶瓷厂/玻璃厂工艺设计概论"，从培养方案角度构建了无机非金属材料工程专业思政教育新体系；其次，在确定思政教育课程体系时，专业充分考虑了专业课程的教学内容与课程属性，较好地解决了专业课程思政教育教学目标与方向模糊的问题，也保障了思政教育培养体系工作一盘棋，有力地支撑思政课程与专业课程协同育人的教育教学目标。落实课程思政的关键在于专业课程，专业课程应该根据其支撑的毕业要求内容，来设计、调整的教学目标与教学内容，如赵萍副教授教学团队负责的"陶瓷厂工艺设计概论"课程在培养方案中赋予了支撑环境和可持续发展毕业要求的指标，教学团队就在教学内容上适度调整了劳动保护和经济管理相关章节的内容，教学中增加了环保、可持续发展教学内容，激励学生利用所学知识与技能去革新技术与设备，走一条绿色生产的可持续发展之路，让学生从专业角度体会与践行"绿水青山就是金山银山"的道理；最后，"课程思政"是一个系统工程，"课程思政"的实施与持续提升离不开科学的思政教学反馈机制。专业课程思政评价与反馈机制关系专业课程思政的落实与成效，根据教学评价信息反馈，分析专业课程思政教育存在的问题，推动专业课程思政教育实践探索与改革，增强专业课程思政育人协同效果，培养德、智、体、美、劳全面发展人才。

(二) 加快专业课程思政建设，不断挖掘多渠道教育教学资源，建设一批具有代表性的课程思政典范

专业课程具有不同属性和作用，不同课程支撑着不同的毕业要求指标，专业思政教育模块应该充分考量课程在培养方案中的作用与要求，并利用多种渠道收集、整理与挖掘思政教育元素，通过课堂不断的实践与教学反馈，不断优化改进思政教育的教学内容与手段，提升育人效果。如王峰副教授教学团队负责的"材料测试技术"课程在推进课程思政过程中就进行了大量的实践探索。早期，这门课程在推进思政教育上主要是在导课阶段实施，也有在章节中间穿插思政教育内容的，主要引入名人传记、仿真实验、在线视频等教育教学资源。后期，课程不断引入新的教学资源，课程在思政教育环节又增加了实验团体协作与讨论教学环节，突出了沟通、团队协作意识等指标要求，目前课程已形成不同作用、不同层次的思政教育教学内容，发挥了科学的价值观、职业道德观和团队协作精神培养作用。在专业课程思政教育探索过程中，加快推出一批思政教育新成果，如"材料测试技术""材料科学基础"课程成为专业育人的典范课程。未来，专业将不断支持专业课程开展思政教育探索，提升思政教育育人质量，努力争创一批具有专业特色的思政金课。

(三) 加强专业思政教师队伍建设，发挥专业教师思政教育主导作用

教师要做好传授知识的先生，也更要做好学生健康发展的引路人。所以，专业教师要担负起知识传授和价值引导的双重职责。首先，专业教师不仅要讲好课、做好学问，更重要的是要有一颗育人的心和一颗爱国公正的心，在教学过程中专业教师要有明确的思政教育意识，要把思政教育工作当成专业教育不可分割的一部分，提高专业思政教育教学工作的认同度，为课程思政教育工作的开展扫清障碍，奠定统一的思想认识基础。其次，专业教师要有一定思政教育的能力，专业应该支持专业教师参加课程思政技能培训，提高思政教育内容模块设计与教学的能力。2019 年专业选派不少专业教师参加了山东省高校课程思政研讨会、山东省高校"金课"与"课程思政"建设研讨会。培训工作有助于专业教师提高思政教育工作站位，并在

最短时间内取得经验，练得真本领，推动专业教师开展专业课程思政建设工作。最后，要发挥专业教师个人魅力，通过专业教师思想政治素养和人格魅力来感染学生，引导学生树立科学的价值观，如专业在毕业论文与实习环节引进大量校外优质教学资源，组织校外专家开展做报告、讲专业、谈人生教育活动，发挥了校外资源在学生思政教育培养中的作用，也取得一些富有专业特色的教育成果，取得了可喜的育人效果。

三、总结

紧紧围绕立德树人育人目标，无机非金属材料工程专业积极开展了一系列课程思政建设工作。通过制订新的人才培养方案，构建专业思政课程与课程思政新体系，保障全过程、全方位思政教育工作，解决了专业课程思政教育系统性建设问题；通过加强专业教师课程思政教学能力培训工作，积极挖掘多种有效思政教育资源，优化思政教学方法与手段，切实提高专业课程思政教育育人成效，争创富有专业特色的思政教育育人新成果。

参考文献

[1] 习近平总书记在全国高校思想政治工作会议上强调：把思想政治工作贯穿教育教学全过程　开创我国高等教育事业发展新局面[N]. 人民日报，2016-12-09.

[2] 王涵. 高校专业课程思政教学改革与反思[J]. 教育观察，2017(30)：138-140+143.

[3] 石书臣. 正确把握"课程思政"与思政课程的关系[J]. 思想理论教育，2018，476(11)：59-63.

[4] 匡江红，张云，顾莹. 理工类专业课程开展课程思政教育的探索与实践[J].管理观察，2018(1)：119-121.

[5] 李红霞，闫勇. 融"德"于教 润物无声：齐鲁工业大学(山东省科学院)课程思政推动立德树人实践创新[N]. 中国教育报，2020-06-18.

[6] 李泽波，杜鹃鹃. 论当代大学生思想道德修养缺失原因及对策[J]. 青春岁月，2011(14)：144.

[7] 张洪伟. 中华传统美德在大学生思想道德素质中缺失现状及其原因[J]，现代教育，2018(14)：11-12.

[8] 刘冰，牛莉莉，张璐. "课程思政"建设中专业教师的主体作用[J]. 纺织服装教育，2018(6)：439-442.

高校工科课程思政教学实践与思考

——以"轻工机械概论"为例

王丽

(齐鲁工业大学 机械与汽车工程学院 济南 250353)

摘要： 高校"课程思政"建设是一项系统工程，是实现中国特色社会主义现代化强国的需要。自 2015 年以来，齐鲁工业大学结合特色名校建设，积极开展德融课堂实践，启动德融教学评选活动，探索促进"课程思政"建设的有效途径和方法。本文以"轻工机械概论"为例，进行工科课程思政教学改革，将思政元素融入专业教学，起到了良好的效果。

关键词： 课程思政 德融课堂 教学改革

2016 年 12 月，习近平总书记在全国高校思政工作会议上强调，要把思想政治工作贯穿教育教学全过程，实现全程育人、全方位育人。我校积极响应习近平总书记重要讲话精神，探索促进"课程思政"建设的途径和方法，取得了一定的成效。

一、高校课程思政研究与建设现状

关于"课程思政"的概念界定，学术界至今还没有形成统一的意见，但是基本上趋于一致，大多数学者认为"课程思政"就是高校在"思政课程"之外的两门类课程，即通识教育课和专业教育课教学中融入思想政治教育元素，实现知识传授与价值引领的统一。"课程思政"其实质不是增开一门课，也不是增设一项活动，而是将高校思想政治教育融入课程教学和改革的各环节、各方面，实现立德树人润物无声。围绕"知识传授与价值引领相结合"的课程目标，强化显性思政，细化隐性思政，构建全课程育人格局。

目前，对于高校课程思政的研究，理论研究多于实证研究，且大多处于初步研究阶段，高校"课程思政"建设会面临许多不可预测的困难。另外，对于高校"课程思政"建设的路径探究，大多从宏观角度着手，很少进行具体的、针对某一方面的深入研究。

二、工科课程思政教学实践——以"轻工机械概论"为例

工科专业课程类型较多，主要有专业基础课、专业核心课、专业方向课、兴趣特长选修课、实践课程等。各类课程都有自身的特点，且专业性强，定理公式图表多，相对艰深枯燥等。授课教师需要在有限的课时内完成诸多知识点的讲授，无暇顾及思政元素的融入。因而工科思政课程教学的难点就在于如何把专业知识讲授与思政元素传递进行深度融合。

教学目标作为整个课程的指导性框架，应当具有价值引领的作用，因此，要从世界观和方法论等方面进行设计选择。教学活动的整个过程要将专业知识点和思政元素有机地结合在一起，在进行专业内容的讲解过程中有机融合思政元素，在受业解惑的同时传播德育思想，达到立德树人的目的，这对于授课者的能力要求较高。这就需要教师在备课上下功夫，深挖专业课教学知识点与习近平新时代中国特色社会主义思想、以爱国主义为核心的民族精神和以改革创新为核心的时代精神、社会主义核心价值观、人文伦理、科学精神等知识间的内在联系，寻找它们之间的共同点和共通之处，在教学设计和知识讲授中融入正确的人生观、世界观和价值观，通过讲解一些反映爱国情怀、法治意识、社会责任、文化自信、人文情怀、工程伦理、工匠精神的故事或者生活案例，进而达到"静水深流、润物无声"的效果，履行教育者的责任，把立德树人落到实处。

　　教学案例需要结合学科特点、学生特点及社会导向等方面进行设计。在课堂上采取多种多样的方式，如小组讨论、角色扮演、主题演讲等，让学生切身领悟到所授内容中蕴含的思政元素。同时，教师需要采取多元、科学的手段进行教学评价。

　　另外，在课程思政教学的实施过程中，教师应积极引入社会热点事件，并从多个角度进行案例分析，让学生在学习专业知识的同时，深刻理解社会主义核心价值观，认识科技创新的重要性，增进爱国爱校的情怀，领悟自力更生、艰苦奋斗的精神。

　　例如，笔者讲授的一门工科课程"轻工机械概论"，是我校的轻工特色课程，内容主要包括介绍轻工业机械在国民经济所处地位，轻工机械主要的研究对象和任务，轻工机械的特点，轻工机械的大致分类以及各类机械的用途。众所周知，轻工业是农业、重化工业的连锁工业，是国民经济大循环中的一个重要环节。由于轻工机械涵盖轻工业部门各行业制造轻工产品所使用的专用技术装备，轻工业产品品种的开发、产量的增加、质量的提高、产品成本的降低及劳动生产率的提高等，都与轻工机械的发展有着直接密切的联系。

　　轻工机械是实现我国社会主义现代化，建设高度的物质文明与精神文明所不可缺少的。但是由于我国近代轻工业的发展时间比西方发达国家晚约半个世纪，科学技术力量非常薄弱，再加上重工业缺乏基础，轻工业发展滞后，所以轻工业所使用的技术装备，绝大部分从国外购买。轻工业所需要的化工和金属原材料有70%～80%依靠进口。中华人民共和国成立以来，轻工机械才有了明显发展。

　　讲述这部分知识时，笔者引入新中国成立以来，特别是党的十八大以来，在轻工机械方面所取得的成就。引导学生要善于利用生活中的点滴时间，积极主动学习科学文化知识，不断提升自己的文化修养，陶冶自己的道德情操，只有如此，才能不负自己的青春年华，才能让自己的大学生活丰富而充实。学生在规划职业发展时，应将自己个人的发展与祖国的发展结合起来，从而实现人生理想。

　　可以通过以下内容讲述发展轻工业机械的主要途径：根据我国轻工业的生产现状和技术经济发展的总体规划，发展轻工业生产首先要提高产品质量，改善劳动条件，减轻劳动强度，开发和增加产品的品种，满足人民生活不断提高的需求，不断提高机械化和自动化水平；对于现有的各种机械设备，应以改造更新为主，充分发挥它们的潜力；与此同时，消化引进国外先进机械，从而创造出适合我国国情的先进机械设备；随着新材料、新工艺、新技术的出现，推动各种轻工业自动机械向机电一体化和智能化的方向发展。

在讲述这部分知识时，笔者积极融入"正德厚生""臻于至善""自强不息"等思政内容。"正德厚生""臻于至善"分别出自儒家经典《尚书》和《大学》，其核心内涵解释为"责任"与"卓越"。"正德厚生"就是说，无论是治理一个国家还是经营一个企业，都要尊重、关爱、厚待社会民众及一切生命体，最终达到完美的境界。"臻于至善"就是不断探索，追求极致。任何事物都不是一蹴而就的，都需要通过不断地探索才能达到前所未有的新境界。实现企业使命和个人愿景的过程，就是追求卓越的过程。"自强不息"语出《周易》中"天行健，君子以自强不息"，其义是自然的运动刚强劲健，相应地，君子处世，也要力求进步，刚毅坚卓，永不停息。激励学生们要努力向上，发愤图强，积极学习科技知识，向各行各业的劳动模范学习，为中华民族的伟大复兴贡献自己的力量。

本课程需讲授的教学内容从知识点来讲涵盖的内容较多，专业知识涉及面广，相对枯燥平淡，思政元素的恰当融入起到了起承转合、画龙点睛的作用。随着教学实践的深入，笔者还积极引入社会热点事件，如目前的中美贸易摩擦问题，让学生在掌握知识的同时，加深对社会主义核心价值观的理解，体会科技创新的重要性，明确其肩负的历史任务和担当。

三、工科课程思政教学实践的初步思考

工科专业课程的内容较多，知识点难度较大，授课教师在有限的授课时间内肩负着讲授专业知识和思政元素的融入的教学改革任务，需要投入巨大的精力，这对高校教育教学政策引导与授课教师自身能力和素质都提出了更高的要求。齐鲁工业大学经过近几年的探索，将培育德才兼备的人才作为教育教学理念，以德融好教案、德融好课堂、德融好教师——"德融三好"评选活动为抓手，通过采取精神和物质

上的激励措施，充分激发广大教师投身课堂思政工作的热情，以实际行动走在高校课程思政教学改革的前列。

　　培养和塑造高素质应用型人才，离不开高质量的教职工队伍。除了专业素养这些基本要求外，还需要与时俱进，不断加强师德师风建设，不断提高教师思想政治素质和业务能力，努力形成教学水平高、思想道德好、专业能力强的教学团队。高校工科课程思政教学在齐鲁工业大学的成功实践，获得了广大师生的赞同和认可，形成广大教师在日常教学活动中以身作则、广大学生以老师为榜样热烈响应，实现师生教学相长的良性互动，和谐共赢。

参考文献

[1]　葛爱冬，张迎春. 以"德融课堂"促进立德树人的实践和思考[J]. 高教学刊，2017(22)：27-29+32.

[2]　努力培养德智体美全面发展的社会主义事业建设者和接班人——习近平总书记在全国高校思想政治工作会议上的讲话引起热烈反响[EB/OL]. [2016-12-09] http://www.xinhuanet.com/politics/2016-12/09/c_1120083370.htm.

[3]　罗晓琴. 高校"课程思政"建设论文综述[J]. 法制与社会，2019，6(下)：191-192.

[4]　汪宜敏，袁旭音，李一平，等. 基于"课程思政"的《环境经济学》课程教学改革[J]. 创新教育研究，2018，6(6)：487-490.

[5]　王亚新. 从高校"思政课程"到"课程思政"的教学改革研究[J]. 文理导航，2018(8)：78+80.

[6]　赵春舒，刘超静. 基于协同效应的课程思政在《国际贸易实务》课程教学中的应用融合[J]. 消费导刊，2018(24)：89-90.

课程思政在"复合材料"课程中的实践探索

赵玉军 娄有信 郝美伦 赵萍

(齐鲁工业大学 材料科学与工程学院 济南 250353)

摘要： "复合材料"作为无机非金属材料工程专业的一门专业选修课，担负着价值引领、知识传授与能力提升的作用。根据专业课程思政教育教学现状，通过采取专业课程思政教育模块内容优化、新教学方法与手段应用、自身修养提升等措施，使思政教学内容融入专业课程教学全过程，实现了专业教育与思政教育的有机融合，提升了专业课程育人成效，也为专业课程思政教学改革提供了新的思路。

关键词： 课程思政 教学改革 复合材料

2016年12月，习近平总书记在全国高校思想政治工作会议上指出高等教育要加强思想政治教育工作后，思政教育工作也逐渐由"思政课程"发展到"课程思政"教育新阶段，并形成了大学生思想政治教育的全程性、系统性教育新局面。将"课程思政"教育理念融入专业课程教学工作，可有效地促进意识形态教育、智性教育与道德教育的交叉共生，有利于学生综合素质的提升，而如何将思政教育理念恰如其分地融入专业课程的教学过程中成为专业教育的重要课题。"复合材料"作为无机非金属材料工程专业的一门专业选修课，主要讲授复合材料的种类、设计、加工、应用及复合原理等内容，使学生具备将材料复合理念应用到无机材料的设计、开发、应用等工作之中，初步具备解决复杂工程问题的能力。在"课程思政"教育理念的指导下，复合材料教学团队积极推进"复合材料"课程思政教学改革实践，在教学内容与目标上开展探索性工作，在专业高水平人才培养工作中进行有益探索。

一、专业课程思政发展现状

(一) 学生思想道德素养培养问题突出，专业课程思政教育意识亟待加强

现在的大学生不少是独生子女，成长过程中备受呵护，但缺乏担当，与当前专业人才培养和社会人才需求的标准有所差距，因此，高校肩负着德育和智育的双重任务。从专业培养方案来看，大学生思想政治道德素养教育工作主要由公共选修课与通识课承担，这些课程主要安排在大一、大二阶段。大学生专业知识与技能教育工作主要由专业课来承担，主要在大三、大四阶段完成，从高校教育现状来看，思政教育在高年级阶段出现缺失现象。在指导学生过程中，我们发现随着大学生学龄的增长，学生越来越关注个人利益，对社会与集体利益则漠不关心，更不愿意也不想过多地承担专业发展与社会服务重任。面对日益突出的大学生思想政治教育问题，通过强化专业课程思政教育，解决专业课程思政教育薄弱的问题，实现大学全过程思政教育目标。

(二) 专业思政教育实施难度大，课程思政教育内容与目标不明确

课程思政就是要把思想政治意识形态以理念价值形式传播给学生，但当前大学生独立性、存在感和自尊心很强，学情差异大，说教式思政教育很难引起学生思想共鸣。现在，不少专业课程在思政教学上采用案例式教学，案例思政教育对不同学生可能引起不同程度的共鸣，德育教学效果可控性不强。另外，教师在专业课程思政教育教学实施中居于主导地位，其应该具备的思政教育教学设计能力对课程教学效果具有决定性影响。但过去，专业老师专注于专业知识的传授，忽视了德育、美育等知识要素的融入，而且在课程思政教学过程中，还存在教学内容与目标的模糊性，专业各门课程之间的互动与交流不多，专业课程思政教育体系远未形成，即便

专业教师有守好专业课程责任田的意识，也很难确定课程在思政教育中的目标与内容，这会严重影响专业课程思政教学工作的顺利开展。

(三) "复合材料"课程亟须改革，迫切需要开展课程思政教育

"复合材料"作为一门专业选修课，一般安排在大三下学期开课。此时，学生已学完思想政治类课程和部分专业基础课，正处于专业知识与专业技能学习的重要阶段，学生面临着诸多专业课程的学习任务。"复合材料"作为一门应用性很强的交叉学科，涉及复合材料的设计、制备、加工、应用等诸多领域，影响着国家重大产品装备的研究和开发。过去，"复合材料"课程教学比较重视专业基础知识的传授，同时借助已有思政教育教学改革经验，在授课中引入了产品背后的传奇故事，也引入了一些复合材料研究应用的前沿信息，试图培养学生的专业使命感，激发爱国热情和专业自信。但从课堂教学实践来看，教学效果不是很好，不少学生对专业课程的学习需求定位仅限于学分要求上，学习热情不高，因此，"复合材料"课程亟须推进教学改革，推动课程思政教育，激发学生学习的内在动机，调动学习的内驱力，激发专业学习兴趣，真正提高专业育人效果。

二、"复合材料"课程思政实践探索

(一) 立足课程内容，不断优化思政教学内容，提高思政教育与专业教育融合度

过去，课程理论授课基本上采取"组成结构－性能－制备－应用"这条主线，比较重视专业知识的内在关联和系统性。现在，课程加强了思政教育内容模块的设计工作，包含了名人传记、产品发明故事、社会事件等思政元素，如引入 2019 年四川凉山森林火灾事件，围绕媒体对该事件的报道，让学生从专业角度将山林消防安全这一重大社会问题转化为专业技术问题，通过这样一个课程思政教育环节帮助学生理解与践行专业使命、团队协作与角色担当。在 2019 年课程教学中，我们还

增加了复合材料国际学术会议视频教学内容，主要是让学生领略复合材料学科发展前沿，拓宽眼界，培养严谨治学态度和提升职业素养。思政教育内容设计要以课程内容为基础，将思政要素贯穿其中，使专业教育与思政教育有机结合，充分发挥思政课程与专业课程教育协同育人作用。

（二）不断改革教学方法与手段，切实提高育人成效

过去，"复合材料"课程主要采用的是讲授法，这种教学方法比较重视知识的理论性和系统性，但课程内容繁杂，知识点多，学习难度大，学生对课程的参与度与认可度不高。针对过去教学中存在的问题，我们改进了教学方法，引入探讨式教学法、自主组织法，将学习主动权归还给学生，发挥学生学习的主体作用，但这种教学方法对思政教育效果来说具有很强的不可预知性，同时也给知识体系的系统性带来新的挑战。针对课程思政与专业教学过程中存在的问题，经过近几年的教学实践与摸索，我们引入了现场法和案例教学法，这两种教学方法可以充分发挥现场法感性直观与案例法应用性、实践性强的优势，有利于在教学中将专业知识与社会价值、个人情感等人文社会知识融合起来，赋予素材以灵魂，发挥素材的专业教育与思政教育作用。如到青岛固德复合材料有限公司工厂实习，将碳碳复合材料头盔产品研发与四川凉山森林火灾事件案例结合起来，将社会担当、专业精神教育、人文情怀等思政内容融入碳碳复合材料章节内容教学，使得专业技术学习与思想政治教育融为一体。开展专业课程思政教育教学，要善于捕捉不同渠道的信息资源，充分考量不同学情和学习效果，勇于探索新的教学方法与手段，使德育与智育教学内容有机融合，提高专业教育与思政教育效果，确保学生全面发展。

（三）主动了解学情，发挥专业教师在思政教育中的隐形作用

教师是思政教育与专业教育落实的主体，教师的治学精神与职业道德是开展课程思政教育的法宝。我们在教学过程中利用课前和课后时间了解学生的学情及特点，获知学生专业水平与德育智育的现状和需求，把握学生的兴趣点和信息接收的有效方式。教学团队积极学习思政教育最新理念、思路与实践，努力提升自身思想政治

觉悟、自身修养和专业创新能力，有意识地去接触指导学生学业，给予学生更多的支持。教学团队积极营造风趣、幽默课堂教学氛围，在教学过程中鼓励学生参与课堂教学，落实以学生为中心的教育理念。近两年，通过深入学生，改革教风，发挥教师在思政教育中的隐形作用，我们的课堂活跃了，学生敢于发言提问了，想法与思路也多了，学生对课程的认可度高起来了，学业成绩也越来越好，也增强了我们进一步开展课程思政教学改革的信心和决心。

三、结语

为了推进"复合材料"专业课程思政建设，我们在不断优化专业课程教学内容的基础上，加强了思政教育内容模块的设计力度，精准把脉专业教育与思政教育的结合点，保障了专业教育与思政教育的有机统一；同时，我们不断完善教学方法手段，加强自身学习，将思政教育理念融入专业学习与发展中，给专业知识赋予灵魂，保证了专业教育与思政教育协同育人的效果。

本课程思政教育实践工作不仅提高了课程教学质量，也为其他专业课程思政建设提供了新的思路。

参考文献

[1] 马成昌. "课程思政"背景下思政课程教学方法的现象学呈现[J]. 山西高等学校社会科学学报，2019，31(8)：29-33.

[2] 萧家芳. "课程思政"理念下《护理心理学》的教学探索[J]. 决策探索，2019(8)：74.

[3] 耿丽娟. "课程思政"在计算机基础课程中的探索[J]. 通讯世界，2019(8)：347-348.

[4] 来水利. 以有机化学课程内容为引导，加强课程思政的探索与实践[J]. 云南化工，2019，46(7)：180-181.

[5] 崔馨丹，李平川，吴佩年，等. 工程制图课程思政教学途径探讨[J]. 科教文汇，2019(8)：73-74.

用马克思主义基本原理指导数学教学

华玉爱

(齐鲁工业大学 数学与统计学院 济南 250100)

摘要：马克思主义基本原理是具有普遍真理性的理论。数学中处处闪耀着马克思主义基本原理的光辉，尤其是马克思主义辩证法。在数学教学中阐释和运用马克思主义基本原理，有助于学生自觉学习辩证唯物主义思想、灵活掌握和运用辩证分析方法、深刻理解数学原理和方法、充分认识事物联系和发展的特征、熟练掌握用数学模型研究客观世界的能力，对帮助学生树立正确的世界观、人生观和价值观，成为有理想、有志向、爱科学、敢创新的时代新人，具有积极的现实意义，并对学生的人生产生深远的影响。

关键词：马克思主义基本原理 辩证法 课程思政 数学教学

将思想政治教育融入高校课程教学是高等教育的改革与创新，是高等教育的一项迫切的和长期的任务。习近平总书记在 2016 年 12 月 7 日至 8 日召开的全国高校思想政治工作会议上指出："高校思想政治工作关系高校培养什么样的人、如何培养人以及为谁培养人这个根本问题。"青年学生正处于人生观、价值观形成的时期，理想与现实的种种矛盾及复杂的社会经济环境和网络世界对他们产生着巨大的影响。切实有效的思想政治教育和正确引导将对他们的人生观和价值观的形成及树立积极向上的生活态度产生深刻的影响。

大学生的思想政治教育是一项既具政治性又具策略性和艺术性的工作。它不是单纯的政治说教、理论宣传，不能仅依赖政工部门和思想政治类课程，而是要依靠全社会的参与，尤其是依靠与学生密切相关的各门专业课程教学和教授各门专业课程的一线教师。

马克思主义是科学的理论。在自然科学和工程类课程的教学中阐释和运用马克思主义基本原理有着得天独厚的优势。但机械的、生硬的、教条式的植入并不能取得良好的成效。在自然科学和工程类课程中融入思想政治教育，对专业课教师来说，是一项艰巨的任务和挑战。

数学课程是大部分理工科和经济管理类等专业大学生在大学一年级和二年级要学习的主要课程。数学老师是大学生最先认识的教师群体之一，与学生接触的时间最长。数学中处处闪耀着马克思主义基本原理的光辉，尤其是马克思主义辩证法。在数学教学中阐释和运用马克思主义基本原理，不仅能够引导学生自觉学习辩证唯物主义思想、灵活掌握和运用辩证分析方法、深刻理解数学原理和方法、充分认识事物联系和发展的特征、熟练掌握用数学模型研究客观世界的能力，还将对学生树立正确的世界观、人生观和价值观，成为有理想、有志向、爱科学、敢创新的时代新人，具有积极的现实意义，产生深远的影响。

一、教师是课程思想政治教育的重要实践者

在全国高校思想政治工作会议上，习近平总书记对教师队伍提出了明确的要求，"高校教师要坚持教育者先受教育，努力成为先进思想文化的传播者、党执政的坚定支持者，更好担起学生健康成长指导者和引路人的责任。"教育历来主张言行一致，思想政治教育更是如此。教师历来被称为人类灵魂的工程师，这一职业神圣而责任重大。课堂教学是大部分教师的主要工作，也是同学生接触和交流的主要场所和途径，教师的言行对学生的影响是巨大的。身正示范，正人先正己。教师要做好课程思政，必须提高对马克思主义的认识，加强自身的思想道德修养，坚持一切从实际出发、理论联系实际、实事求是，坚持教学改革和创新。

二、用马克思主义基本原理指导数学教学实践

与社会经济日新月异的变化相比，当前我国的高等教育明显存在观念陈旧、教学改革滞后的问题，高等数学课程更是如此，其教学内容和教学理念已经远远落后于这个时代。

随着计算机技术的普及和发展，定量分析的应用越来越广泛，数学也变得越来越重要。而与此形成鲜明对照的是，高等数学的教学越来越艰难，很多学生没有足够的能力和精力投入到对数学的学习中，学生对高等数学的兴趣越来越淡薄。究其原因，根本在于传统教材的内容陈旧，不能够迎合当代青年学生的心理特点和兴趣及社会需求，与之相应的课堂教学模式陈旧，鲜有创新。

目前，所有的高等数学教材，无论是国内的，还是国外的，基本上都遵循着"定义—定理—公式—解题"一个模式，通篇讲授解题技巧，应用实例很少。即便有一些应用实例，也很烦琐，枯燥无味。传统的高等数学教学忽视了培养学生分析和解决实际问题的能力。很多学生学了微积分之后，可能只会算题，不会解决实际问题。高等数学的教学内容和教学模式都违背了一切从实际出发、理论联系实际、实事求是的马克思主义最为重要的理论品质。因而，这样的教学实践必然是失败的。

马克思拥有丰富的数学知识，对数学有着透彻的理解。马克思曾经说过："一种科学只有在成功地运用数学时，才算达到完善的地步。"数学中处处闪耀着马克思主义基本原理的光辉，尤其是马克思主义辩证法。

(一) 数学的主要内容是研究事物的联系与发展

唯物辩证法认为，世界上万事万物都处于普遍联系之中，普遍联系引起事物的运动发展。联系具有客观性，联系具有普遍性，联系具有多样性，联系具有条件性。数学是对客观事物之间联系及事物发展规律的抽象描述和总结。

数学承认事物之间联系的客观性和普遍性，用数学模型刻画事物之间的联系，用多种多样的数学模型刻画联系的多样性。譬如，确定性模型刻画事物之间的确定性依赖关系，随机模型刻画事物之间联系的不确定性、随机性依赖关系。条件性是

数学理论成立的根本，一切数学理论都是有前提条件的。譬如，"闭区间上的连续函数一定有最大值和最小值"是微积分学的基本定理。这个定理成立的前提是"闭区间"和"连续"两个要件，缺少一个就不能保证结论成立。因此，在数学课程中特别强调定理的条件。数学老师都会告诫学生，在应用数学定理时，必须验证定理的条件是否满足。

数学研究事物发展与变化的客观规律。微积分是近代数学的基础，微积分的根本目的就是研究事物的发展与变化规律。在数学上，若用变量表示事物，那么导数就是研究两个变量之间相互依存的变化规律的数学概念。

对立统一规律是事物发展的根本规律，对立统一规律是唯物辩证法的实质和核心。数学中充斥着对立统一规律。譬如说，曲线和直线是对立的，曲面和平面也是对立的。但在微积分学中，数学家们用直线近似代替曲线，用平面近似代替曲面，可以求得曲线的弧长、曲面的面积，以及平面图形的面积和立体的体积。因此，曲线和直线、曲面和平面又是统一的，它们在一定条件下可以相互转化。

(二) 量变与质变规律在数学中的体现

事物的变化表现为量变与质变及其相互转化，量变和质变是事物变化的两种状态和基本形式。

研究量变与质变及其相互转化规律也是数学的基本内容。数学中的极限理论就是量变与质变规律的生动体现。长期以来，古希腊数学家芝诺提出的"飞矢不动"悖论一直困扰着众多数学家和哲学家。任何运动物体在任意时刻都是静止的，因为在任意时刻的时间为零。显然，运动物体时刻在运动。数学上的极限概念破解了这一千古悖论。我们可以用平均速度近似刻画运动物体在某一时刻所表现出来的运动快慢程度，但平均速度是不准确的。显然，用于计算平均速度的时间间隔越小，则所算得的平均速度就越能更准确地刻画物体在此时刻所表现出来的运动快慢程度。当用于计算平均速度的时间间隔趋于零时，平均速度的极限即瞬时速度，则完美地反映了运动物体在某一时刻所表现出来的运动快慢。在这一极限过程中，平均速度的量变导致了质变，因为瞬时速度不再具有平均速度的性质，其本质发生了改变。

这就是从量变到质变的过程。

(三) 运用数学方法能够透过现象揭示事物的本质

数学的意义在于通过分析复杂的现象来揭示事物的本质。数据分析方法早就为人们所钟爱并大量运用。数据分析就是运用数学和统计学方法通过对大量看似杂乱的数据进行分析，从中找出有规律的线索，以便人们进行决策。

人类的经验知识和分析判断能力是极其有限的。数学方法可以有效地帮助人们分析和解决复杂的问题。譬如，笔者在高等数学课程中经常向学生提出这样一个问题：

假如有一个家族，从某成员开始存储黄金。开始存储的第一天，存入 1 两，第二天存入 1/2 两，第三天存入 1/3 两，依次下去。当第 n 天存入 n 分之一两后，该成员去世。第二天由其他家族成员继续，存入(n+1)分之一两，第三天存入(n+2)分之一两……当该成员去世后，再由其他成员继续按上述规则存入。那么，试问：假设地球永不毁灭，假设该家族香火不断，那么是否会有那么一天，该家族存储的黄金总量超过一万两呢？

当笔者问这个问题的时候，一百多人的班级仅有两三个人给出了肯定的回答。而实际上，通过数学分析可以得出，只要假以时日，想存多少就可以存到多少，也就是说，黄金的总存储量趋向于无穷大。

这个例子说明，运用数学分析的方法可以透过现象揭示事物的本质。

三、结语

马克思主义原理是具有普遍真理性的理论。认真学习和领会马克思主义基本原理不仅有助于教育工作者树立正确的世界观、人生观和价值观，更重要的是能够影响学生形成正确的世界观、人生观和价值观，成为有理想、有志向、爱科学、敢创新的时代新人。

在数学教学中阐释和运用马克思主义基本原理，能够正确认识教学规律，设计规划先进科学的教学内容，研究和运用科学先进的教学方法，因材施教，丰富课堂教学。在数学教学中阐释和运用马克思主义基本原理，有助于学生自觉学习辩证唯物主义思想、灵活掌握和运用辩证分析方法、深刻理解数学原理和方法、充分认识事物联系和发展的特征、熟练掌握用数学模型研究客观世界的能力，成为优秀的科学技术创新人才。

参考文献

[1] 习近平总书记在全国高校思想政治工作会议上强调：把思想政治工作贯穿教育教学全过程　开创我国高等教育事业发展新局面[N]. 人民日报，2016-12-09.

[2] 本书编写组. 马克思主义基本原理概论[M]. 北京：高等教育出版社，2018.

[3] 弗·梅林. 马克思传(上、下)[M]. 北京：人民出版社，1965.

[4] 斯科特. 数学史[M]. 北京：人民大学出版社，2010.

[5] 同济大学数学系. 高等数学(上、下)[M]. 北京：高等教育出版社，2016.

"专业英语"课程思政
实践路径探究

——以齐鲁工业大学环境专业为例

马云倩 郭艳

(齐鲁工业大学 环境科学与工程学院 济南 250353)

摘要： 长期以来，高等院校思想政治教育工作依赖单一的思政课程教学。如今，它已经无法满足新时代对人才培养的要求，从思政课程到课程思政的变革成为必然趋势。生态文明建设是中国特色社会主义事业的一部分，环境工程专业的学生毕业后将奋斗在环境保护工作第一线。因此，该专业学生的思政教育非常重要。本文以齐鲁工业大学环境专业为例，针对环境专业与英语课程的特点，对"专业英语"课程思政的必要性和可行性进行解析，并积极探索"专业英语"课程思政的实践路径，以期提高教学质量，为我国环境保护事业培养更多高素质综合型技术人才。

关键词： 环境工程 专业英语 课程思政 实践路径

2016 年 12 月，习近平总书记在全国高校思想政治工作会议上强调，要用好课堂教学这个主渠道，思想政治理论课要坚持在改进中加强，提升思想政治教育亲和力和针对性，满足学生成长发展需求和期待，其他各门课都要守好一段渠、种好责任田，使各类课程与思想政治理论课同向同行，形成协同效应。习近平总书记的讲话，给了我们高校教师深切关怀和巨大鼓舞，坚定了我们持之以恒推进"课程思政"

改革的信心。作为一名高校教师，我深刻体会到，思想政治工作必须要贯穿于整个教育教学过程，发掘课程思想政治教育资源，突破思想政治教育过于集中在"点""线"的瓶颈，把思想政治理论教育与专业教育变为一个协调同步、相得益彰的过程。专业英语课程作为一门重要的专业语言类课程，同样承担着提高大学生思想政治素质的重任。因此，如何巧妙地将专业英语课程内容与思想政治教育有机结合起来，是高校大学教师需要解决的问题。生态文明建设是中国特色社会主义事业的一部分，环境工程专业的学生毕业后将奋斗在我国环境保护工作第一线，他们必须掌握扎实的专业知识和专业技能，具备良好的职业道德、健全的人格品质、正确的价值取向。为提高教学质量和为我国环境保护事业培养更多高素质综合型技术人才，本文分析实施环境工程专业的"专业英语"课程思政的必要性及可行性，并试图初步探讨高校"专业英语"课程思政教育实践路径。

一、"专业英语"课程简介

专业英语课程是环境科学、环境工程本科专业的必修课。目的是使本科生在系统地学习环境专业课知识的基础上，掌握环境专业英语词汇以及习惯用语，使学生能够阅读、翻译相关专业的英文文献资料，为以后的研究与学术交流打下坚实的基础，能在跨文化背景下进行沟通和交流，培养自主学习和终身学习能力。因此，设计专业英语课程应当充分考虑和注意对学生的文化素质培养和专业英语知识的传授。同时，我们也应意识到，在环保工作中，预防环境污染、保护生态环境的意识比破坏环境后再进行治理的技术更重要，因此，在专业英语课的教学过程中需要融入思政教育，以增强学生的社会责任意识，使学生把爱护祖国的生态环境作为自己的使命，让思政教育自然融入学生的专业英语学习中，全面培养学生的专业知识和技能素养。

二、"专业英语"思政课程的必要性与可行性

(一) 必要性

专业课程教学不能没有思政内容。长期以来环境专业学生的思政教育主要依赖于思政课程，而忽视了专业课程在思政教育中的重要作用，其结果是学生思想政治水平不能满足社会要求，学生在实际工作中存在对文化理解的缺失、价值取向偏离等问题。

专业课程结合思政内容的教学实践非常成功。当今的大学生对英美文化侃侃而谈，但是对中华优秀的传统文化知之甚少。大学生普遍对民族优秀文化漠视，缺乏民族自豪感。在教学实践中，我们发现，学生对专业英语学习兴趣浓厚，在专业英语课程教学中穿插部分思政教育内容，学生容易接受、教学效果较好。因此，为了提升环境专业学生政治思想觉悟，加强民族文化认同，增进民族自豪感等，实践各门专业课程思政教学，特别是专业英语课程思政教学，非常必要。

(二) 可行性

专业英语教学的一项重要任务就是培养学生的专业英语知识，使学生在系统地学习环境专业课知识的基础上，掌握环境专业英语词汇及习惯用语，使学生能够阅读、翻译相关专业的英文文献资料，为以后的研究与学术交流打下基础，能在跨文化背景下进行沟通和交流，培养自主学习和终身学习能力。但是，高校专业英语教学过分注重专业术语和语法学习，忽视和缺少对中国文化的传播与弘扬，缺乏在语言教学中对学生渗透思政教育。另外，专业英语课程与其他专业课程相比，专业性较弱，不仅包含大量大学英语的内容，还涉及传统文化、环保理念、爱国情怀等隐形思政教育内容，这为专业英语课程思政教学提供了可能。鉴于此，在课堂教学中若老师能够潜心挖掘教材中的思政内容，精心设计教学过程，采用自然渗透的方式，有目的地对学生进行德育教育，便可在一定程度上提高学生的思想认识，树立学生正确的人生观、世界观和价值观。

语言作为文化的载体和传播媒介,是文化的外在表现形式,语言教学与科学文化教学密不可分。专业英语课堂上自然少不了科学文化这一重要元素。在教学中,教师应该以教材为中心,科学、系统地拓展学生的科技文化视野,在潜移默化中让学生感受科技文化,特别是中国科技文化的精华。这些精华能丰富课堂思政的教育内容,帮助大学生树立科学的世界观、人生观和价值观,有助于提高他们的思想觉悟,促进他们成为有理想、有道德、有文化、有纪律的社会主义"四有"新人。此外,教师应该主动学习和总结中外科技文化知识的创新成果,将其融入课堂教学中,从而提高专业英语课程思政的教育效果。因此,在"专业英语"课程实践课程思政较为可行。

三、"专业英语"课程思政实施的有效途径

(一) 课程思政教学理念的转变

理工科学生在思想政治学习方面较文科生存在劣势,可以将思政教育融入专业课教学中,减少理工科学生的学习厌倦感。作为一名专业课大学教师,要不断强化自身理论学习,深入领会党的十九大精神和习近平新时代中国特色社会主义思想;积极参加课程思政教育系列教学培训,与其他专业课教师、英语课程教师多交流,通过自学、进修、培训,不断提升自身的课程思政教育能力。

(二) 课程思政教育资源的挖掘

通过提取本门课程中的思政教育元素,在教学过程中,将"课程思政"教学理念融入课堂教学过程,培养学生良好的职业素养、正确的价值观。在潜移默化中,将思政工作更好地贯穿于教育教学过程。在课前,利用 5~10 分钟时间让学生分组用英语讲解与环境保护、生态文明相关的中国传统德育小故事或者时事政治。把故事中隐含的思政内容挖掘出来,并借用谈论式教学不断扩充,在讨论过程中利用"批判性讨论模型",激发学生参与意识,潜移默化地引导学生理解、坚守社会主义核心

价值观，坚定"四个自信"。这样，既让学生锻炼了英语语言能力，学习了专业知识，还接受了思想政治教育。

在教学过程中，老师应根据具体教学情况对教材中的思政教育元素进行挖掘，以使学生在学习英语知识的同时提高自身的思想政治素质。例如，在每节课的学习中可以引入对环境保护宣传语和名言警句的学习，并增加爱国主义教育，激发学生热爱祖国、保护环境的意识。在科技论文的阅读和写作章节，可以给学生普及在学术界取得巨大成就的中国人，激发学生的民族自尊心和民族自豪感。此外，环境专业英语的学习不仅仅是对教材中文章的学习，还可以对我国现行的环保法规、国家环保政策等进行英汉训练、翻译训练，深入地学习相关知识。

除了课堂教学以外，教师可以充分利用课外时间通过多种形式增加对学生进行思政教育的机会。给学生补充环保题材的语言教学素材，如《习近平谈治国理政》(中英对照)、中国英文媒体的报道与评论；借助各种多媒体来进行思政教育，如可以通过多媒体来欣赏有英文字幕的国产影片。教师要选择适合学生的影片，如《流浪地球》等。

(三) 课程思政考核模式的确立

课程思政考核评价，是了解和检测思政教育在专业课、通识类课程等课程教学过程中教学效果的有效方法。长期以来，专业课程考核考试方法较为单一，缺乏对学生综合素质和能力的考查，如何改进创新专业课程考核评价方式，注重学生综合素质和能力的提高，这是值得每一位大学教师认真思考和仔细研究的。多年来，我校环境工程专业英语课程考核是以开卷考试方式为主。部分学生对课程的学习不是很重视，对书本知识的理解和把握较差，对课程思政的学习更是无从谈起。"专业英语"增设思政考核，能够使该课程考核方式更加全面，评价方法如下：第一，对学生英语学习过程中的"德、能、勤、绩"等多方面表现进行考量，着重考量学生在掌握英语知识的过程中，是否树立了正确的人生观、世界观和价值观；第二，改变传统的英语考试中只注重对单纯专业英语知识的考核，在笔试中增加对环保理念、社会责任意识的考核；第三，改变以笔试为唯一的评价方式，增加演讲、讨论、课本剧表演等形式来考查学生。

四、结语

环境工程"专业英语"课程培养了环境保护的一线工作者的外语沟通能力，如何根据课程的优势进一步深化课程和教学实践，专业教师需要不断探索，积极响应习近平总书记对高校思想政治工作的重要论述和新要求，结合自身教学实践不断推动我校思想政治教育工作深入开展。结合课程的特点和学生的学习兴趣，将先进的教学理念、教学方法和现代多元化的信息技术融入课程思想教学中，努力为大学生思想政治教育做出更大的贡献。

参考文献

[1] 习近平总书记在全国高校思想政治工作会议上强调：把思想政治工作贯穿教育教学全过程　开创我国高等教育事业发展新局面[N]. 人民日报，2016-12-09.

[2] 傅荣琳. "大学英语"课程思政实践途径探究[J]. 才智，2018(36)：18-20.

[3] 贾玉梅. 将西方文化精髓融入外语课程思政教学研究[J]. 才智，2019(8)：50.

[4] 吕玉龙，屠君. 基于艺术设计专业的高职课程思政实践途径探究：以浙江农业商贸职业学院艺术设计专业为例[J]. 兰州教育学院学报，2017(10)：91-93.

高等数学课堂教学中德智融合的实现路径

李颖

(齐鲁工业大学 数学与统计学院 济南 250353)

摘要： 党的十八大提出把立德树人作为教育的根本任务，德育教育成为教育的首要任务。围绕德育教育，我校提出了德融课堂的课堂教学改革。本文主要根据高等数学的教学实际情况，思考和探讨了在数学课堂教学中实现德智融合的路径，提升学生的思想品德。

关键词： 立德树人 德智融合 德融课堂

随着中国经济的高速发展，社会需要的人才不仅要有过硬的专业知识技能，还应具备爱岗敬业、诚实守信、服务社会等的优良品质，所以新时代对学生自身素养、意志品质、道德品质的要求日渐提高。党的十八大报告中把"立德树人"作为教育的根本任务，要求把德育放在学校教育教学工作中的首要位置。对教育工作者来说，不仅仅要"教书育人"，更重要的是要"立德树人"。德育教育不能只依靠专门的思想教育，还应该将其渗透到教育过程的每个环节，课堂教学也要成为德育教育的前沿阵地。我校秉承把品德教育融入课堂，让课堂真正成为"传道、受业、解惑"的育人阵地，促进学生全面发展、成长成才的指导思想，提出"德融课堂"的人才培养模式。"德融课堂"是我校于 2016 年推出的课堂教学改革，其目的是梳理各门专业课程所蕴含的思想政治教育元素，恰到好处地融入课堂教学各环节，让专业课上出"思政味"。"德融课堂"，意在让德育"回归课堂，回归生活，回归常识"。 它是一场以"挖掘、提炼专业课程和教学过程中的德育元素，将品德教育融入课堂"的课程思政教学改革。

高等数学作为大学各理工经济类专业新生的基础课，面对的是刚刚入学的大一新生，这些学生又正好处在从少年到成年的过渡时期，在这个重要阶段树立一个积极健康的人生观和价值观，对学生的未来尤为重要。因此，高等数学教师应更好地利用这种其他专业课不可替代和比拟的优势，将数学知识和德育元素很好地融合起来，对新同学产生积极的影响，以利于他们更好地学习各门课程，保持健康向上的心态，成为社会真正需要的人才。

在高等数学的课堂教学中如何找到德育教育的切入点，自然地融入其中，从而达到德育与智育的自然融合，这是老师首先需要解决的问题。高等数学课堂中的德育元素包括数学文化、数学思想、科学精神、创新精神，辩证唯物主义思想、爱国主义精神、美学教育、做人做事的方式等。将这些德育元素融入课堂有以下几个原则。

适度性。把思想、观点、精神、情操等德育元素有针对性地传递、迁移、扩散给教育对象，使学生在不知不觉中接受。在教学中要充分认识德育的依附性和渗透性，不可将数学课变为思政课和道德说教课，使得本末倒置。

量力性。数学教学中的德育教育，要根据学生的思维认知水平、心理特征、思想程度、对知识的实际掌握程度等实际情况，有根据、有目的地选取德育素材，量力而行、因人施教，因时施教，不能超越学生的认知水平。那些脱离实际、要求过高的德育教育只能变成空洞的说教。

持续性。任何科学世界观和良好道德品质的形成，都要有一个耳濡目染、潜移默化的过程。所以德育融合也应遵循教育原则，不能只针对某节课、某个内容进行德育教育，要把德育贯穿于教与学的全过程中。只有坚持不懈、持之以恒地进行德育渗透，长期地熏陶、感化，才能收到预期效果。

针对性。数学能够进行德融的元素众多，为了保证德育教学的有效性，需要选择重点，有针对性地进行德育教育。一堂课突出一个主要的教育观点，围绕其选取德育元素，以取得最好的效果。

在高等数学的课堂教学中，如何遵循上述原则实现德智融合呢？高等数学是由数学概念、定理及其应用三部分构成的，我们围绕这三部分内容，介绍如何实现德智融合。

一、概念教学

数学概念具有高度的概括性和抽象性，是学生学习的难点，所以在概念教学的过程中可以融入一些数学背景、实际事例等，既帮助学生学习概念，又对学生进行了德育教育。

1. 由背景切入

适当介绍数学史知识，让学生了解知识产生的背景、数学家的事迹和科学成果，可以激发学生学习的兴趣和热情。例如，在讲解微分方程时，可以引入海王星的发现过程，在讲解无穷级数时，可以介绍芝诺悖论中的阿基里斯悖论，让学生深切认识到，无论在科学研究的道路上有着怎样不同的经历，这些伟大的科学家都有着共同的特征，那就是对真理孜孜不倦的追求，对知识严谨求实的态度。这些故事会潜移默化地影响学生，帮助学生树立正确的人生观和世界观。

2. 由问题切入

数学教育的目的不是仅仅教会学生如何计算某道数学题，而是要培养学生提出问题的能力。数学概念不是凭空产生的，而是由实际需要提出的。如导数和积分都是为了解决某个物理和几何问题而提出的。在概念教学时，可以结合实际问题，培养学生提出问题的能力。例如在讲解方向导数和梯度时，会融入生活中的事例，通过珠穆朗玛峰在某点沿不同曲线的陡峭程度不一样，提出如何刻画陡峭程度；在介绍梯度时可以引入警犬搜索毒品的事例，提出警犬沿着一条怎样的路径来搜索才能最快地找到毒品。可以由实际事例引出数学问题，联系实际，阐明所学知识的用处，从而不断激发学生的学习兴趣，调动学生学习的积极性和主动性。

3. 由已知知识切入

数学教材中各部分内容都存在着纵向和横向的联系，这些都体现着唯物主义思想和辩证法。例如多元函数的偏导数、全微分、二重积分等概念，可以通过一元函数相应的概念来复习引入。这种对比法教学既让学生理解了一元函数与多元函数相关概念的区别和联系，也让他们感悟到数学中的哲学思想的魅力，即辩证法中的联系和区别的观点。

4. 概念延伸

介绍了数学概念之后，可以适当地延伸，激发学生的学习积极性和探索精神，同时对其进行爱国主义教育。如在介绍了曲面概念及常见曲面之后，给出"中国天眼"(旋转抛物面)的图片，简单介绍一下"天眼"创建的过程、意义和为什么要采用旋转抛物面的形状，以及创建人南仁东的爱国故事(抛弃国外优越的生活，进入深山创建"天眼")。除了课本上的常见曲面，还可以补充贝壳曲面和极小曲面及其实例，数学中的美感可以体现为各种各样的几何图形、完美的线条和图案等。应引导学生去发现、去感知、去运用，感受它的价值、它的"内秀"，以此来提高学生学习数学的兴趣，以及学生的创新能力和审美能力。

二、定理教学

1. 由几何直观导入

培养学生数形结合的数学思维能力，可以让其真正听懂并掌握抽象的微积分知识，如可以借助几何直观的方法理解积分的性质。

2. 由问题导入

由问题引出所学定理引入的必要性和实用性。如方程组确定的隐函数求导数就是由空间曲线求某点的切线方程引出的，在推导过程中，借助线性代数的方法来求解二阶线性方程组，在此过程中注重知识融合的思想。在新工科背景下，知识融合对以后的学习是非常重要的，所以可以借助此知识点对学生进行知识融合思想的教育。

3. 由已知定理推广导入

渗透从已知知识去推广新知识的方法，而新定理的证明又要回到已知定理的辩证思维方式，如二元函数取得极值的必要条件和充分条件。

4. 审视定理使用的条件

数学讲究严谨，比如定理的使用必须根据标准要求来进行，要求运筹有章、计算有法。如级数收敛的必要条件，若应用此定理，那么就必须搞清楚此定理的应用条件和结论。这也是做人做事的原则——要在规则和法治允许范围内进行个体的活动。通过审视定理的使用条件，不断培养学生严谨的学习作风和专心致志的学习习惯。

三、应用教学

1. 在例题中融入哲学思想

这类例题包括求解微分方程、二重积分的计算、幂级数求和函数。它们体现了从现象到本质、从大化小的哲学思想。对学生来说，这与处理事情的方式类似，无论多大的事情，总要将把其分解，只要把各个部分解决了，问题就迎刃而解了。

2. 选择与实际联系比较密切的事例，融入认识论观点

这类例题包括二重积分的应用、多元函数求极值等，遵循了"从实践中来，到实践中去"的认知规律。它们体现了辩证唯物主义中从感性认识到理性认识、再运用到实践中去的认识论观点。

3. 在陷阱式的例题中融入科学精神

学生对所学数学知识的认知和应用总会出现一些偏差，所以在学生易出错的地方可以按错误方式讲解，然后引导学生发现错误所在，加深学生对新知识的认知和应用。如抽象函数求导、隐函数求导数等，学生通过从自我否定到自我肯定的过程，培养严谨、重思考的科学精神。

4. 深入延伸，融入创新精神

在学生掌握了基本知识和方法的基础上，可以从难度和深度上进行延伸，拓宽学生的认知广度，培养学生的科学创新精神。如学习了用对称性简化二重积分的计算后，可以启发学生思考：积分区域并不对称，但是可以把积分区域进行分割，使每一部分具有对称性，从而培养学生的创新精神。

寓德育于高等数学教学中的关键是教师。教师是德育教育的实施者，教师的思想、品德和行为，都会在无形之中影响学生。"亲其师，则信其道"。教师只有首先让学生认可自己，才能够进一步提高学生的品德和专业知识。"学高为师，德高为范"。数学教师要不断提高自己的德行修养和知识储备，更要专心致志地对待每一堂课的教学，尽力使学生感受学习的快乐，获得解决问题后的成就感。让学生能认可教师，发现教师的魅力，领略数学本身的朴素美、简洁美、对称美，陶冶学生的情操。数学教师应准确把握大学生的内心需求，有的放矢地对他们进行引导和教育。这样才能使学生在学习过程中提高自己，拥有丰富多彩的人生。

参考文献

[1] 顾沛. 数学文化[M]. 北京：高等教育出版社，2008.

[2] 刘慧仙. 在数学课中探索教书育人的途径[J]. 工科数学，1991，7(3)：122-123.

[3] 赵萨日娜. 基于高等数学教学的教书育人问题思考[J]. 人才资源开发，2016，(20)：184.

[4] 梁宗巨. 世界数学史简编[M]. 沈阳：辽宁人民出版社，1980.

[5] 米山国藏. 数学的精神、思想和方法[M]. 成都：四川教育出版社，1986.

[6] 徐本顺，殷启正. 数学中的美学方法[M]. 南京：江苏教育出版社，1990.

[7] 程承运. 高等数学的课堂教学与教书育人[J]. 中国电力教育，1995(1)：52-55.

[8] 张迎春，葛爱东. 以"德融课堂"促进立德树人的时间和思考[J]. 高教学刊，2017(22)：27-29.

[9] 刘娟，闫翠玲. "立德树人"在高校思政课教学中的实现路径探析[J]. 高教学刊，2016(21)：110-111.